길은 삶이다

한국현대수필 100년 사파이어문고 ㉔

조태영 수필집
길은 삶이다

인쇄 | 2025년 4월 10일
발행 | 2025년 4월 15일

글쓴이 | 조태영
펴낸이 | 장호병
펴낸곳 | 북랜드
　　　　04556 서울 중구 퇴계로41가길 11-6, JHS빌딩 501호
　　　　41965 대구 중구 명륜로12길 64(남산동)
　　　　대표전화 (02)732-4574, (053)252-9114
　　　　팩시밀리 (02)734-4574, (053)252-9334
　　　　등록일 | 1999년 11월 11일
　　　　등록번호 | 제13-615호
　　　　홈페이지 | www.bookland.co.kr
　　　　이-메일 | bookland@hanmail.net

책임편집 | 김인옥
기　　획 | 전은경
교　　열 | 서정랑

ⓒ 조태영, 2025, Printed in Korea
* 저자와 협의하여 인지를 생략합니다.

ISBN 979-11-7155-122-4 03810
ISBN 979-11-7155-123-1 05810 (E-book)

값 13,000원

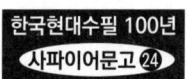
한국현대수필 100년
사파이어문고 24

길은 삶이다

조태영 수필집

책을 펴내며

　팔부능선을 훌쩍 넘고 있습니다. 달려온 여정, 돌아보니 아득하기만 합니다. 화려한 삶도 아니었고, 고난 속에서 굳세게 꽃을 피운 민들레 같은 삶도 아니었습니다. 지나간 일은 후회로 남기고, 오지 않은 날들은 조급한 마음으로 앞당기려 하며 달려왔던 나날들이 떠오릅니다. 그럼에도 이 평범한 일상 속 이야기들이, 비록 하찮은 신변잡기로 보일지라도, 제 삶의 진솔한 일부임을 부정할 수 없습니다. 어쩌면 이 글들이 제 인생 역정의 한 페이지로 남을 수 있다는 생각이, 저를 이 길로 이끌었습니다.

　잊고 지냈던 추억들이 글로 다시 태어나는 기쁨은 조금은 행복과 보람을 안겨줍니다. 삶의 조각들을 서툰 글로나마 퍼즐처럼 하나씩 맞추며 이번 세 번째 책을 꾸릴 수 있었습니다.

　자랑스러운 순간들만 나열하고, 마음 깊숙이 숨겨둔 어두운 면들은 외면한다면, 이는 결국 저 자신을 속이는 일이 될 것입니다. 평범한 삶이었지만, 그 안에도 희로애락이 있었고, 크고 작은 기쁨과 상처들이 제 삶을 이루는 바탕이 되어 주었습니다. 글을 쓰며 그런 경험을 다시금 마주하는 과정에서 많은 깨달음을 얻게 됩니다.

　글을 쓰다 보면 잊고 지냈던 기쁨들과 조우할 때도 있지만, 아프고 쓰라린 순간들도 떠오르곤 합니다. 되짚어보면 대부분 상처는 저의 부족함에서 비롯되었으며, 알게 모르게 제가 누군가에게 상처를 준 기억들도 소환됩니다. 이런 시간 속에서 회개와 반성의 기회를 얻고, 글쓰기를 통해 마음을 다스리는 힐링의 가치를 깨닫게 되었습니다.

한편으로는 까맣게 잊었던 기억들이 글을 쓰는 동안 하나둘 깨어나며 마음의 문을 열게 되는 경험도 합니다. 이를 통해 제 삶의 폭이 넓어지고, 늦었지만 조금씩 확장되는 기쁨을 느낍니다. 이 모든 과정이 글을 쓰는 사람만이 누릴 수 있는 은총이라 여겨집니다.

이제는 덤으로 사는 듯한 황혼의 시간입니다. 지난날 크고 작은 시행착오와 실수들이 얼마나 많았겠습니까. 그러나 그 속에서 깨달음과 뉘우침을 얻었기에 지금의 제가 가능했음을 믿습니다. 그것이야말로 삶이 주는 축복의 덤이라고 믿습니다.

익어가는 벼 이삭이 고개를 숙이듯, 저의 삶에도 겸손이 깃들기를 바랍니다. 주어진 덤에 감사하며, 그 감사의 마음으로 글을 엮었습니다. 주위의 도움으로 여기까지 온 삶, 축복이며 은총입니다.

2025. 봄

청곡 조태영

차 례

4 • 책을 펴내며

1 아름다운 마무리

12 • 사랑은 묘약
16 • 갈증
19 • 가슴앓이
23 • 아옹다옹하며 사는 삶
27 • 동행
30 • 여유롭게
33 • 아름다운 마무리
36 • 환승
40 • 무상
44 • 그리움
49 • 고향이 그립다
53 • 초심
56 • 사진 한 방
60 • 고달픈 삶
63 • 추억 마침표는 없다
67 • 대포 소리
71 • 전화기
74 • 잊히지 않는 기억
77 • 정겨운 고향
81 • 속 좁은 영감

❷ 자족하는 노년을

- 86 • 처신
- 89 • 자족하는 노년을
- 92 • 잊어버리기
- 95 • 여름산
- 99 • 기죽지 말고
- 102 • 낙엽처럼
- 105 • 길은 삶이다 (1)
- 108 • 길은 삶이다 (2)
- 113 • 길은 삶이다 (3)
- 116 • 회상
- 120 • 막차
- 123 • 4월은 향기의 달
- 126 • 마음은 철새
- 129 • 물끄러미
- 133 • 부드러워야 산다
- 137 • 파크골프장에서
- 141 • 왕버들
- 144 • 막다른 길

❸ 마파람이 달다

148 • 한 시절의 추억
151 • 존귀한 생명
154 • 뒤처리는 말끔히
157 • 앵무새증후군
161 • 메모 습관
164 • 노익장 해병
167 • 일장춘몽
170 • 겸손
173 • 친구가 그립다
177 • 애증
180 • 가을비
184 • 37.5도가 무섭다
187 • 눈치
190 • 마파람이 달다
194 • 거리 두기
198 • 삶의 무게
202 • 미소

❹ 내 인생 부록

- 206 • 자유의 몸
- 210 • 심기일전
- 214 • 어영부영하다가
- 219 • 여행에서 배우는 즐거움
- 223 • 석굴암 가는 길
- 227 • 내 인생 부록
- 230 • 낙엽은 지고
- 233 • 산림욕
- 237 • 표리부동
- 241 • 해양누리공원을 걷다

❺ 감사는 곧 행복

246 • 막내 여동생
250 • 언니의 괜한 걱정
253 • 해 질 무렵
257 • 언덕
260 • 길은 삶이다 (4)
263 • 로마 단상
268 • 노인 신앙학교
271 • 시니어들의 환호
274 • 한티성지둘레길을 걷다
277 • 성모당
282 • 시니어들의 나들이
285 • 감사는 곧 행복

①
아름다운 마무리

사랑은 묘약妙藥

　입춘의 차가운 공기를 가르며 차에 올랐다. 두어 시간 만에 도착한 외숙모의 마을 입구, 우람한 느티나무에 봄기운이 감돌았다. 뒷산 골짜기를 덮은 잔설이 마치 흰 천을 펼쳐 놓은 듯 눈부셨다. 소소리바람이 몸을 파고들어 움츠러들게 했지만, 머지않아 눈이 사라지고나면 푸른 생명이 요동칠 것이다. 그 생명력은 어쩐지 외숙모의 삶과 닮아 있었다.
　외숙모는 중풍으로 하반신이 마비된 지 10년째다. 한때 실의에 빠져 괴로움을 드러내시던 모습은 이제 가족 사랑 속에서 조금씩 희미해지고 있다. 미수米壽를 바라보는 고령이다. "애들의 시중이 안쓰러워 요양원 보내 달라고 하지만 어림도 없다. 짐만 되어 빨리 죽어야 하는데 어디 마음대로 되냐."며 하소연이시다. 효성스러운 간호에 부담을 느끼는 통 큰 아량은 여전하다.
　외숙모는 양아들로 입적된 외삼촌과 묘령에 결혼했다. 아들 귀한 집에 시집와 7명의 딸을 낳고 불혹이 넘어 대를 이을 아들을 얻고서야 출산은 끝났다. 어려서 한창 자랄 때는 연년생이 많다 보니 비슷비슷해 이름보다는 태어난 순서대로 번호를 붙여 불렀다. 다루기가 쉽고 더 교육적이라던 외숙모의 방법이 옳았던지, 순서대로 달려와 봉양하고 있다.

활달했던 외숙모도 세월의 덫에는 어쩔 수 없나 보다. 소년 시절 외가에 들르면 장다리 같은 키에 환한 웃음으로 맞아주시던 모습이 그려진다. 무심한 세월의 장난인가. 웃음은 줄어들고 우울한 기색이 드러난다.

외숙모 내외분은 막내아들까지 짝지어 내보내고 나서야 심신의 여유를 찾았다며 행복해했다. 힘든 농사를 접고 편안한 노후를 위해 평소 가졌던 마음을 실행에 옮겼다. 먼저 농토 대부분을 처분했다. 조그만 텃밭은 푸성귀를 가꾸며 편안한 삶을 시작했다. 주말이면 번갈아 가며 자식들이 찾아와 웃음꽃을 피우고, 손주들이 재롱을 떨어 치열하게 살아온 결실이라며 감사함을 놓지 않았다. 오래전에 따놓은 외삼촌의 자동차 면허증도 빛을 발휘했다. 자식들이 마련해준 자동차는 동네 공용차 역할을 했다. 내외분이 앞장서 급한 일이나 병원 다니는 노인들을 위해 봉사했다. 장날이면 동네 노인들 태우고 시장 구경하는 재미도 행복이고 자랑스러움이었다.

호사다마好事多魔라 했던가. 어느 날 노인정에서 소일거리로 화투장을 내던지던 외숙모는 갑작스레 힘없이 쓰러졌다. 가족들은 곧장 병원으로 달려갔고, 이후 긴 병간호가 시작되었다. 하반신이 마비되어 여러 병원을 찾아다녔다. 별로 달라지는 게 없어 집으로 돌아왔다. 곳곳에 사는 우애 좋은 자식들이 간호에 앞장섰다. 아들, 딸들 부부 16명이 순번을 정해 간호하고 있다.

썰렁했던 집안에 웃음꽃이 피어나고 가족 사랑의 온기가 넘친다. 외숙모의 우울증세가 잦아들고 안색이 조금씩 밝아진다고 한다. 한편 마비되었던 하체도 느리긴 하지만 변화의 조짐을 보인다. 더불어 웃음을 되찾은 모습에 가족 사랑이 어떤 약이나 의술보다 크다는 것을 보여주고 있다. '사랑 에너지는 고통을 치유하고 생명을 늘려 준다.'는 말을 되새겨본다.

외가 마을 입구에 오백 년이 넘은 당산나무인 느티나무가 마을을 품고 있다. 우환이 있을 때면 형형색색 띠 두르고 아픈 사연, 쓰린 역성을 들어주는 신목이다. 정월 대보름이면 남녀노소가 하나 되어 돼지머리, 떡시루 받쳐놓고 동네 모두의 안녕과 소원성취를 비는 마을 수호 나무다.

마을을 품고 있는 느티나무는 겉보기에는 늠름하지만, 그 위용 속에는 병든 가지를 쳐낸 흔적이 선명하다. 외숙모 역시 삶의 고통을 견디며 가족의 사랑으로 다시 생기를 찾아가고 있다. 나무도 생물인데 어찌 오랜 세월을 누리기만 하랴. 마을 사람들의 관심과 보호가 있어 새 가지를 키우고 당당한 자태로 마을을 품고 있다. 큰 상처를 딛고 가지마다 연초록 잎을 피워낼 당산나무의 경이로움이 마음으로 다가온다.

  내가 살아오면서 흘려버린 시간을 돌이켜 본다. 내리사랑만 당연한 것으로 알면서 살아온 내 모습이 부끄럽다. 외숙모 병간호하는 외사촌들을 보면서 내가 한 어리석은 행동에 죄책감을 감출 수가 없다. 어려서는 앓아누워계신 어머니 괴로워하시는 모습에서 상처받았고, 운동회에 어머니가 못 오시면 안절부절못하기 일쑤였다.

  다행인 것은 철이 들면서 원망하기보다는 혼자 견뎌 내는 마음을 키웠다. 자립해 오면서 어리석은 행동으로 받은 수많은 상처와 괴로움은 속으로 삭여왔다. 그렇게 할 수 있었던 것은 나를 이해해 주고 믿어준 부모님이나 주위 사람의 사랑이었다. 한편 그러한 상처가 있어 더욱더 단단하게 치유되어 오늘 이 시간, 내가 하고 싶은 일 한다고 생각하면 더없이 감사하다.

  이제는 상처를 주거나 받을 일도 별로 없는 나이 아닌가. 내 몸 하나 잘 건사하고 욕심내려 놓으면 마음의 평화를 누리지 않으랴. 자식들에게 짐이 덜 되려는 마음은 굴뚝같으나 생각대로 되겠나 하는 생각도 파고든다. 설령 어려움이 오더라도 가족 사랑에 대한 믿음이 있어 안심되는 어리석은 추측도 해 본다.

  고통 없는 삶이 어디 있으랴. 외숙모와 느티나무가 그렇듯, 희생과 사랑이 함께할 때 고통은 생명의 일부로 승화된다. 사랑은 때로 어떤 약보다도 강력한 묘약임을 다시금 깨닫는다.

갈증

 오늘따라 햇볕이 유난히 따갑다. 강변 잔디밭 파크골프장에 도착하니 해가 중천에 걸렸다. 마음만은 매일 왔으면 싶지만, 바쁘다는 핑계로 오랜만에 팀에 합류했다. 공이 경계선 너머로 달아난다. 승부를 가리는 경기도 아닌데, 어찌 된 일인지 오기가 스멀스멀 올라온다. 목이 말라온다. 생수병 하나 챙기면 될 것을 깜박하고 말았다. 요즘 사는 모습이 이렇다.
 그 순간, 유소년 시절의 아버지가 떠오른다. 아버지는 절기에 맞추어 농사짓던 분이셨다. 망종芒種이 오기 전에 보리 수확과 모내기를 마쳐야 했고, 농작물 파종도 끝내야 했다. 밭에서 쉴 새 없이 보리를 나르던 아버지의 얼굴에는 땀이 비 오듯 흘렀다. 어머니는 샘에서 갓 길어온 냉수를 한 대접 떠서 아버지에게 달려갔다. 아버지가 단숨에 물을 들이켜며 "아, 시원하다!" 하실 때, 어머니가 지으시던 미소는 어린 나에게도 참 행복하게 보였다.

아버지는 다시 농기구를 챙겨 파종을 서둘렀고, 어머니는 양은 주전자에 냉수를 가득 채워 나에게 건네주시며 아버지를 따라가라 이르셨다. 그때의 맹물은 단순히 목을 축이는 물이 아니었다. 아버지에게는 땅과 씨름하며 하루를 버티게 하는 힘이었고, 어머니에게는 그 힘을 이어주는 사랑이었다.

강변의 바람은 여전히 시원한데 오늘따라 잠잠하다. 잔디에서 올라오는 열기가 만만치 않다. 땀이 흥건히 등줄기를 타고 흐른다. 공이 선 밖으로 튄다. 마음이 흐트러지는 증거다. 입이 타들어 간다. 생각이 갈팡질팡 혼미해진다. 놀면서 느끼는 갈증이 아버지가 땅과 씨름하며 느끼셨던 갈증과 같을 리 없다. 땡볕 아래에서 논밭을 일구며 흘리셨던 아버지의 땀은 가족을 위한 피땀이었다. 반면, 나는 내 몸 하나 즐기자고 흘리는 땀이니 어쩐지 역겨운 냄새마저 나는 것 같다. 아버지는 맹물을 마시며 자식들을 먹이고 가르치기 위해 온몸을 바치셨다. 아버지의 욕심이라면 오직 가족의 생계를 유지하고 건강을 지키려는 바람뿐이었다. 그런데 나는 내 욕심에 사로잡혀, 내 몸 하나 즐기자고 공을 굴리며 이렇게 만용을 부리고 있다.

뜬금없이 계시지도 않는 아버지와 함께했던 추억이 다가오면 즐거움보다는 안쓰럽거나 우울해진다. 땅과 씨름하며 오직 자식들을 위한 삶이 보람이고 희생이었다. 나도 아버지로서 여기까지 오고 있지만 내 편하게 살아온 느낌이다. 옳게 효자 짓 한 일이 없어 자식들에게 효자로 살라고 강요하거나 큰소리 낸 기억도 없다. 그저 되는대로 살아온 게 전부다. 산수가 되어 좀 여유를 부리며 재미있는 순간이 된다 싶었는데 부모님의 땀방울이 어른거린다. 이맘때가 되면 어머니가 갓 길어온 냉수가 떠오른다. 아버지가 냉수를 벌컥벌컥 들이마시고 답답한 가슴이 뚫렸다며 웃으시던 모습도 생생하다. 사람은 나이가 들면 왜 맹물을 찾게 되는 걸까? 아버지께서도 마지막 며칠간은 맹물만 입에 대셨다. 자식들이 한두 숟갈씩 입가에 물을 대면 입술을 조금 벌리시던 모습이 기억난다. 자식들을 위해 다 소진한 육신에 더는 무엇을 채울 수 있으랴. 무색, 무취, 무미의 맹물이 아버지에게는 마지막 곡기이자 유일한 위안이었다.

    여름이 성큼 다가왔다. 더위에 지친 잔디는 강물을 그리워하듯 강 쪽으로 몸을 기울이고 있다. 구장을 한 바퀴 돌고 나니 땀이 비 오듯 쏟아진다. 모두 그늘로 몰려들어 허리춤에 찬 생수병을 바쁘게 움켜쥔다. 친구가 건네준 맹물 한 컵이 어찌 그리 달게 느껴질까. 타들어 가던 입이 생기를 되찾으며 나도 모르게 말을 쏟아낸다.

    강둑을 넘어 유유히 흐르는 강물이 "냉수 마시고 속 차리라"며 나지막이 속삭이는 듯하다.

가슴앓이

어머니는 객지에서 돌아가셨다. 벌써 반세기가 넘고 있다. 임종조차 지키지 못한 장남으로서 나는 그날 이후 큰 가슴앓이를 안고 살아간다.

사진첩을 펼칠 때마다 어머니의 핼쑥한 얼굴이 떠오른다. 죄송함과 뉘우침이 밀려들어 눈시울이 뜨거워진다. 6·25전쟁의 혼란 속에서 두 번의 피란과 홍역으로 첫딸을 떠나보내신 어머니는 점점 쇠약해지셨다. 자리에 눕는 일이 잦아졌고, 학교를 마치고 돌아오며 나는 늘 "어머니가 아프지 않으셔야 할 텐데."라는 생각으로 마음이 가득 차곤 했다.

친구들은 함께 놀거나 소 풀 뜯기기 위해 냇가나 산으로 나갔지만, 나는 어머니 곁에서 시중을 들며 어린 동생들을 돌봐야 했다. 남자들뿐인 일곱 식구의 세끼는 물론 안살림을 책임져야 했던 어머니의 삶은 버거웠다.

나는 대학에 입학하며 서울로 올라왔고, 그때부터 어머니에 대한 걱정은 더 깊어졌다. 어머니는 신경쇠약에다 위장이 약해 영양 섭취에도 문제가 있었다. 객지에 나와 있어 뵙지를 못해 어머니에 대한 죄책감은 점점 더 커져만 갔다. 나는 매주 편지를 써 동생들에게 어머니를 도와드리라고 당부하며 마음을 달랬다.

가정교사로 학생들을 가르치며 생활하는 나는 방학이 되어서야 겨우 며칠 시간을 낼 수 있었다. 여름방학에 어머니를 모시고 서울의 유명한 내과병원에 입원시켰다. 위산과다로 인한 소화 불량과 심한 신경쇠약이라는 진단이 나왔다. 수술은 필요 없다는 의사의 말에 안도했지만, 요양이 필요하다는 권고에 마음이 무거웠다. 농번기에 가사를 누구에게 맡기고, 조용한 곳 찾아 요양하면서 영양 보충하랴. 또 가슴앓이가 계속되었다.

나는 반년 치 위장약과 신경안정제를 받아 집으로 돌아오며 마음이 천근처럼 무거웠다. 어머니는 몸이 약하신 데다 장애가 있는 삼촌과 잦은 마찰로 늘 불안증세를 호소하셨다. 삼촌과의 관계가 나아지기를 바라는 마음에 답답한 한숨이 깊어지곤 했다.

군 복무를 마치고 사회생활을 시작하면서도 어머니 병환을 고쳐드려야 한다는 생각은 머릿속을 떠나지 않았다. 하지만 시간은 기다려 주지 않았다. 지천명이 가까워지면서 점점 더 쇠약해지셨다. 큰 병원으로 모시고 담석증 진단을 받고 수술했다. 지금이야 의술은 물론 의료 장비의 현대화로 담석증은 큰 수술이 아니다.

당시에는 대수술이었다. 수술에서 회복되는가 싶더니 기억이 흐려지면서 알츠하이머 증세를 보이기 시작했다. 대구로 모셔서 병원 입·퇴원을 반복했다. 그때는 치매 환자의 치료가 열악했다. 입원해 며칠만 지나면 퇴원 권유가 이어졌다. 약도 없고 증세는 점점 심해지는데 이를 지켜보는 가족들은 안타깝기만 했다. 그러기를 몇 년이 흘렀다. 동생들이 나서서 모 교회에서 운영하는 대구 인근의 요양원으로 모셨다. 이삼 일에 한 번씩 들르면 알아보지를 못하시고 엉뚱한 말만 반복하셨다. 자식으로서 안타까움과 죄책감에 눈물을 감출 수가 없었다. 처연한 어머니에 대한 가슴앓이만 계속되었다.

하루는 요양원에서 직장으로 전화가 왔다. 어머니가 이상하니 빨리 오라는 연락이었다. 급히 달려가니 운명하셨다. 늘 가족 곁에 머물 것 같던 어머니, 병마의 칼날에 인연이 끊어지고 천국으로 자취를 감추셨다. 이 설움을 누가 알랴. 엉엉 울던 내 모습을 어머니는 알기나 하셨을까. 허무한 인생, 인고의 삶을 마치고 천국으로 떠난 어머니는 여전히 내 가슴속에 깊은 아픔으로 남아있다.

몸이 약하셨지만 다섯 자식을 낳아 기르며 화를 내신 적이 거의 없던 어머니. 어렵고 괴로운 와중에도 도와드리면 늘 고마움을 표시하고 칭찬을 아끼지 않으셨다. 굿하는 게 싫어 성당에 다니자는 내 간청을 흔쾌히 받아주셨고, 막내딸에게 수녀가 되라고 말씀하셨던 어머니는 끝내 딸이 수도자가 되는 모습을 하늘나라에서 지켜보셨다.

전쟁 중 잃었던 첫딸의 죽음에 애통해하던 모습, 자식들의 공부를 위해 애쓰며 칭찬하시던 그 잔잔한 목소리가 아련히 떠오른다. 춘향전이나 심청전 같은 책이라도 한 권 생기면 읽기에 열중하시던 모습이 눈에 선하다. 공부하고 싶어도 못 했던 시절, 한이 된다며 안타까움을 토로하며 자식들의 공부 채근하시던 말씀이 그립다.

빛바랜 사진 속의 어머니, 이 세상에서 만났던 가장 소중한 분, 내 마음속에 붙박이별이 되어 영원히 살아계신다. 임종도 지켜보지 못한 죄책감은 가슴앓이로 남아 나를 괴롭힌다. 못난 아들의 기도는 오직 어머니의 영원한 안식을 비는 것뿐이다.

아옹다옹하며 사는 삶

"둘이 살아오면서 기억에 남는 에피소드가 있을까."

"일기장 내용이 다 그 이야기 아닌가요. 지겹게 살아오면서 말 못 할 에피소드가 넘쳐날 텐데 별 고심을 다 하시네."

"아니, 내 일기장을 뒤져 본단 말이잖아."

한마디 쏘아붙일까 하다가 속으로 삭이며 억지웃음을 지었다. 반세기 넘도록 한 이불 뒤집어쓰고 걸어온 삶이 아닌가. 여차하면 틈새를 노리는 저 마음을 알면서도 속아주는 내가 어리석은 건지, 아니면 철이 들어가는 건지 헷갈릴 때가 많다.

일기장을 들추어 보니 알콩달콩보다는 아옹다옹의 기록이 대부분이다. 즐겁게 웃을 만한 내용이 드문 것을 보니 한심하게 살아온 게 아닌가 싶다. 그런데도 여기까지 함께 달려온 게 용하다는 생각이 든다. 아마도 서로가 한계에 다다르면 슬그머니 발을 빼며 마무리해 온 덕분이 아니었을까.

남남이 만나 가장 가까운 척하며 살아온 세월이 아닌가. 이제 서로 손잡고 애정을 과시하며 동행해야 할 시간인데, 여전히 힘겨루기는 끝나지 않는다. 때로는 피곤을 자처하는 꼴이 되기도 한다.

불리할 때면 써먹는 과거 이야기가 있다. 일 년간 뉴욕에 있는 대학에 갈 때였다. 아내는 함께 가기로 해놓고 갑자기 포기했다. "남편을 배려하지 않는 일"이라며 꺼내면 반격이 만만치 않다. 당시 대학 사서로 근무하던 딸이 수녀로 가겠다며 모든 준비를 마쳤다고 했다. 신앙을 가진 부모로서 축복으로 받아들여야 했지만, 섭섭함이 어찌 없겠는가. 다 큰 자식이 스스로 결정한 일이니 지켜볼 수밖에 없었다. "하느님의 뜻이 그러하시니 기도나 열심히 하면 된다."며 더는 가타부타하지 말고 주님의 뜻에 맡기라고 했다. 그리고 함께 가기를 다시 사정했다.

하지만 아내는 딸이 수녀원 입회하더라도 수련 기간 1년이 중요하다며 가까이서 지켜봐야 한다고 나를 설득했다. 결국은 혼자 미국 생활을 하게 됐다. 그러나 자세히 들여다보면 표면적인 이유는 딸이었지만 맏며느리로서 장기간 가정을 비운다는 게 용납되지 않았던 것 같다. 결혼 적령기의 시누이와 홀로 농사짓는 시아버지를 생각하면 어찌 1년간 자리를 비울 수 있겠는가. 조상님들 기일이나 명절을 꼼꼼히 챙겨야 한다는 생각에 잠도 제대로 못 잤다고 했다.

그때 나는 가장으로서 밖으로만 돌던 시기였다. 아내는 스스로 가정의 중심을 잡아야 한다는 마음이 확고했으리라. 지금 돌이켜 보면 더없이 고마운 일이다. 그래도 서운한 건 사실이라 우기다가도 결국 내가 꼬리를 내린다. 가정을 위해 몸을 아끼지 않았던 아내의 마음이 이기적인 나에게도 깊은 고마움으로 다가온다.

사실 며느리들이 들어오고 나면, "저 성격에 어찌 조화를 이룰까." 하는 걱정이 많았다. 함께 사는 건 아니더라도 남남일 수는 없지 않은가. 한 세대 차이의 가치관이 조화되려면 서로가 양보하고 희생해야 한다는 결심 없이는 극복하기 어렵다고 느꼈다. 결국 가정을 위해 희생함이 도리라고는 하나, 요즘 젊은 세대의 자기중심적 사고와는 거리가 멀다. 나는 지금도 눈여겨보지만, 시어머니로서 이끌어가는 모습이 늘 불만이다. 본인이 앞장서서 다 해야 직성이 풀리는 그 모습이 안타깝다. 이제는 몸이 쉬어야 할 때 아닌가.

설이나 추석 제사를 제대로 모셔야 한다는 생각을 내려놓지 않으니 내가 더 피곤해지는 것도 사실이다. 며느리들 데리고 준비하는 즐거움도 있겠지만, 모두가 직장에 시달리다가 겨우 달려온 아이들이 아닌가. 모처럼 맞이한 연휴에 배낭 메고 비행기 타지 않는 것만으로도 고맙지 않은가.

대충 준비하기를 바라지만, 어림도 없다. "죽은 후에 잘 얻어먹으려고 시범을 보이느냐."고 한마디 하면 아내는 씩 웃고 만다. 이제 며느리들도 적응했는지 분위기를 맞추며 따라주는 모습이 보기 좋다. 그 마음속이야 알 수 없겠지만, 겉모습은 조화로워 보여 안심이 된다.

　서로 다름을 인정하지 않으면 피차가 괴로울 뿐이다. 돌아보면 우리는 너무도 다른 점이 많았다. 이를 일찍 간파했기에 그나마 견뎌온 게 아닌가 싶다. 길도 없는 숲속을 함께 헤쳐 오면서 고집 부려 봤자 피곤한 건 나였으니, 두루뭉술, 얼렁뚱땅 살기로 한 것이다.

　'부부 사이의 애정이란 서로가 서로에 대해 완전히 역겨워지고 나서 겨우 솟아나기 시작하는 것이다.'라고 서머싯 몸의 말이 생각난다. 또 '아내는 노년의 간호부'라는 글도 떠오른다. 아옹다옹하며 사는 삶, 그 황감惶感함이 얼마나 값진가.

동행

 말없이 쌓여가는 세월이 나이테를 늘리고 있다. 나이가 쌓이는 만큼 헤쳐 나가야 할 일도 산더미다. 주변에서 곱게 늙으신 분들이 치매로 삶을 마무리하는 모습을 보면서, 어찌 남의 일로만 여기겠는가. 챙겨야 할 물건을 깜빡깜빡하며 치매가 슬그머니 찾아오는 건 아닌지 두려울 때도 있다. 설상가상으로 아내는 안면 근육이 떨린다며 불안해한다.
 아내를 데리고 동네병원을 찾았다. 이른 시간임에도 대기실은 북적였다. 옆자리에 앉아 있는 노인은 고개를 떨군 채 연신 눈물을 훔치고 있었다. 어쩐지 내 마음이 더 불편해졌다. 응급실로 가야 할 환자가 잘못 온 건 아닌가 싶을 즈음, 노인은 작은 소리로 미안하다며 조심스레 입을 열었다.
 노인은 밤이 무섭다며 한숨을 내쉬었다. 까닭 없이 잠들지 못하는 밤이 이어지면서 몸이 피곤하고, 입맛마저 잃어 살이 빠지고 있다며 죽겠다는 생각이 들었다고 했다. 죽더라도 무슨 병인지 알고 싶어 시골에서 새벽 버스를 타고 왔단다. 막상 병원 문턱을 넘으니 서러움이 밀려와 눈물이 났다며 이해해달라고 부탁하듯 쳐다보았다.

그는 자식들을 대처로 떠나보내고, 논밭 일구며 남편과 해로동혈偕老同穴 하겠다고 다짐했다. 그런데 남편이 갑자기 "자식들에게 가자."고 조르더니 어느 날 말없이 세상을 떠났다. 배신감을 느꼈지만, 운명으로 받아들이고 고향 땅을 지키며 혼자 살겠다고 결심했다는 노인의 말이 가슴에 깊이 박힌다.

우리 부부도 이제 서산에 걸친 삶이다. 지나온 여정을 돌아보면 어찌 좋은 일만 있었겠는가. 웃음보다 설움이, 행복보다는 불행이 더 많았다. 요즘 말하는 흙수저로 태어나, 당연한 듯 이 나이까지 살아왔다. 이제는 홀가분히 행복하게 살아가자고 다짐했지만, 생각대로 되는 것이 아니었다. 자식들을 독립시키고 편해질 줄 알았던 삶은 예기치 못한 질환들이 찾아오며 우리를 괴롭히고 있다.

아내는 마음이 허전하다며 불안을 호소한다. "언젠가는 혼자 될 거라는 생각에 불안하다."는 아내의 말이 더욱 애잔하게 들린다. 누가 먼저 떠날지 알 수는 없지만, 나이를 먹을수록 이러한 조바심이 더해지는 것도 자연스러운 일일 것이다.

몸이 말을 듣지 않아 짜증이 쌓이고 서러움도 더해 간다. 아내가 아픈 것보다 차라리 내가 아픈 게 낫겠다는 생각도 든다. 하지만 억지로 될 일도 아니니 때로는 신경이 곤두서기도 한다. 하루의 해가 저물 때 노을이 아름답고, 가을에 물든 나뭇잎이 더욱 곱듯이,

산수가 넘은 지금은 끝물을 자랑해야 할 나이가 아닌가. "남편이 있어 말벗이라도 되고, 병원에도 함께 가니 행복으로 알라"며 아내를 위로하지만, 내 말이 어색하게만 들린다.

진찰실을 나온 노인의 얼굴에는 수심이 가득했다. 큰 병원으로 가라는 '진료의뢰서'를 들고 처진 어깨로 돌아서는 뒷모습은 세월의 무게만큼이나 힘겨워 보였다.

간호사가 아내 이름을 부르며 우리를 진찰실로 안내했다. 내 마음은 점점 초조해졌다. 의사는 진지한 태도로 아내에게 질문을 이어갔고, 보행과 손발의 동작, 안면 근육과 입술의 움직임까지 꼼꼼히 살폈다. 결국 종합병원으로 의뢰하겠다는 말에 정신이 번쩍 들었다. 누구의 잘못도 아니지만, 이제부터는 둘이 하나 되어 남은 삶을 이겨내야 한다는 생각이 스쳤다.

나의 행동 하나하나가 아내의 여생을 좌우할 수 있음을 깨달았다. 이는 부부의 인연이며, 바람직한 마무리일 것이다. "든든한 보호자가 있으니 뭘 걱정하랴."라는 아내의 말이 자신을 위로하는 것인지, 나를 달래는 것인지 모르겠다. 하지만 그게 무슨 상관이겠는가. 서로 의지하고 힘이 되어 준다면 초기 증상쯤이야 극복하지 못할 이유가 없다.

해가 지는 서쪽은 성숙한 지혜의 방향이라는 글귀가 떠오른다. 쌓인 나이가 얼마인데 어찌 허투루 행동하겠는가. 아내를 앞세우고 병원 문을 나서며 마음을 다잡는다.

여유롭게

 이른 아침부터 분주히 움직이는 아내의 모습이 조금은 불편하다. 추석 차례상 준비로 마음도 몸도 바쁜 모습이다. 며느리들이 알아서 할 텐데도 여전히 서두른다. 평생 그렇게 달려온 모습일 것이다. 창밖 도로에는 차들이 꼬리에 꼬리를 물고 이어진다. 명절의 분위기가 실감 난다.
 앞산 능선 위로 새털구름이 피어오른다. 산자락에 드리운 안개는 가을이 깊어감을 알리는 신호다. 뭉게구름이 여름 하늘의 상징이라면, 새털구름은 가을의 전형일 것이다. 드높은 하늘에 펼쳐진 흰 천 위에 아침 햇살의 색감이 더해져 한 폭의 수채화를 완성한다.
 하늘을 바라보며 느끼는 여유로움은 어린 시절의 추억으로 나를 이끈다. 부모 세대만 하더라도 하늘을 자주 올려다보며 날씨를 예측하곤 했다. 햇무리를 보며 가뭄을 예측하고, 풍향을 살피며 비가 올지를 가늠했다. 지붕에 고추를 널어야 할지, 마당에 벼를 말려야 할지를 판단해 실행했던 기억이다. 그러나 오늘날에는 수시로 발표되는 일기예보 덕분에 하늘을 볼 일이 드물다. 어머니는 흐르는 구름 한 조각도 놓치지 않고 준비를 하셨다.

추석은 조상님을 만나는 기쁜 날이라며 정성껏 제물을 마련하시고, 모든 것이 추석날을 위해 맞추어져 있던 초가을의 풍경이었다. 언제 준비했는지도 모르는 검정 고무신과 새 양말을 추석 아침에 내주셨던 기억이 선명하다. 설레는 마음으로 행복감에 젖으며, 차례상 앞에서 엄숙히 조상님께 인사를 드리곤 했다. 그날의 추억은 내 마음속에 단단히 자리 잡고 있다.

이제는 차례상도 산 사람 위주로 준비한다. 간소화에 중점을 두었다는 아내의 설명이다. 며느리들과 정서를 나누며 함께 음식을 준비하던 모습은 줄어들고, 송편조차 전문점에서 사 온다. 몇 가지 제수는 며느리들이 힘을 모아 오전에 마무리했다. 정성보다는 형식에 치중하고 빨리 끝내려는 마음이 스며든 듯하다. 간소한 차림이라도 여유와 감사의 마음을 담아 준비하는 명절이 되었으면 하는 바람은 그저 바람으로 끝나는 걸까. 심란한 마음에 창밖 하늘을 바라본다. 새털구름이 포근하게 다가온다. 가벼움의 상징일까. 무거운 마음을 모두 내려놓은 듯 홀가분해 보인다. 내 마음의 짐도 구름에 실어 흘려보내고 싶다.

생전의 어머니는 저녁 하늘을 붉게 물들이는 오렌지빛 구름을 바라보며 하던 일을 멈추곤 하셨다. "어쩌면 저리도 아름다울까." 하루를 마무리하는 해의 마지막 모습을 감탄하며 바라보던 그 모습은 자연의 조화에 대한 경탄이었을까, 아니면 하루를 내려놓는 여유였을까.

　여유를 잃고 편리함만을 좇는 세태가 두렵다. 추석을 준비하는 가족들의 모습을 보며 오만 가지 생각에 잠긴다. 올해도 어김없이 추석 관련 기사와 방송이 쏟아진다. 차례를 성묘로 대신하고 가족 단위로 여행을 떠난다는 뉴스는 가장인 내게 반가운 소식이 아니다. 아들, 며느리들도 젊은 세대답게 내색은 안 하지만 마음은 이미 다른 곳에 있지 않을까. 붙들어 놓고 제수 준비를 시키는 가장으로서 내 마음은 점점 초라해진다.

　하늘에 흐르는 구름은 수시로 모이고 흩어지며 새로운 모양을 만들어 낸다. 그래서 장 폴 사르트르는 "구름은 움직이는 건축물"이라 했을 것이다. 구름 위를 달리는 내 마음도 흔들리고 있다. 시대의 패러다임은 새롭게 밀려오는데, 낡은 동아줄만 붙들고 있을 수는 없지 않은가. 인생은 달리기만 하는 것일까. 멈추어 돌아보고 좌우를 살피는 일도 필요하지 않을까. 예전보다 물질적으로 풍요로운 추석이지만, 정신적으로는 얼마나 춥고 가난한가. 편리와 효율만을 좇는 마음에서 정성이나 여유는 찾기 어렵다. 편리대로 서두르는 추석 준비를 조상님들이 반기실까를 생각하면 부끄러움이 앞선다. 좀 늦더라도, 조금 불편하더라도 천천히, 여유롭게 가을 하늘에 피어오르는 구름을 바라보며 추석을 정성껏 준비했으면 좋겠다.

아름다운 마무리

　　마당 가 대추나무 아래, 매미 한 마리가 보인다. 생을 마감한 듯 반응이 없다. 매미는 7년 내지 길게는 17년을 어두운 땅속에서 굼벵이로 살다가 땅 위로 나와 우화羽化한다. 그 후 일주일 내지 한 달 남짓의 짧은 삶을 마감한다. 한여름 내내 카랑카랑한 멜로디를 쏟아내는 주인공은 수컷이다. 이는 암컷을 부르는 사랑의 노래이자, 종족 번식을 위한 처절한 몸부림이다.

　　새어머니는 67세에 아버지를 만났다. 고향에 집을 마련해 두 분은 알콩달콩 노년의 행복을 누렸다. 얼마나 살갑게 아버지를 챙기셨던지, 내가 보기에도 시샘이 날 정도였다. 아내를 일찍 앞세운 아버지는 "늦게 처복이 트였다."며 새어머니에 대한 애정을 돌려 표현하곤 하셨다. 새어머니는 딸 하나를 낳고 남편과 일찍 사별했다. 피붙이 하나를 위해 고된 여정을 버티며 살아왔다고 담담히 밝히기도 했다.

"아버지와 만난 것이 꿈만 같다. 늦게나마 행복을 누리는 것이 팔자에 있는가벼." 수줍은 웃음을 지으며 말했다. 막내딸이 수녀인데 어째서 아버지가 무교냐며 성당에 찾아가 두 분이 영세까지 받으셨다. 자식들의 말에 꿈쩍도 하지 않던 아버지였다. 완고하게 버티시던 철벽의 문을 새어머니 말 한마디에 여신 것이다.

새어머니인들 어찌 행복하기만 했으랴. 아버지 말년에 치매로 3년간을 투병하시자, 병원 갈 병이 아니라며 혼자 수발하겠다고 되레 자식들을 설득했다. 조금이라도 편하게 해드리려고 지극정성으로 아버지를 모셨다. 자식들이 전화하면 "염려하지 마라." "병원 갈 일이 생기면 연락하마."라며 늘 안심시켰다.

찾아뵐 때마다 너무 힘겨워 보였지만, 새어머니는 항상 웃으시며 아버지를 어루만지고 이끌었다. 끼니마다 정성껏 식사를 준비하는 모습을 보며 자식으로서 얼굴이 화끈거렸다.

하느님도 시샘이 나셨는지, 겨우 13년을 허락하시고 아버지를 하늘나라로 데려가셨다. 해로동혈偕老同穴이 꿈이라던 새어머니는 애통함에 몸부림치셨고, 자식들은 그 모습에 민망할 정도였다. 선반 위에 아버지가 신으시던 흰 고무신 한 켤레 올려놓고는 그 고무신을 바라보며 회상에 잠기곤 했다. 올해 새어머니 연세가 96세다. 작년부터 도움 없이는 행동이나 인지가 어려워졌다. 결국, 혈육인 딸의 권유를 받아들여 요양병원으로 모셨다. 병원 가면 죽는다며 완강하게 거부하더니 이제는 가야 한다며 받아들였다. 잠시

옳은 정신이 돌아오면 고맙다는 말을 수없이 한다. 무엇이 고마우냐고 물으면 다 고맙다고 반복한다. 자식들에게 불편을 주지 않으려는 마음이 아닌가 해 더욱더 짠한 생각이 다가온다.

굼벵이같이 살아오던 힘든 여정이었다. 우화해 밝은 세상에서 수컷의 노래 들으며 행복한 삶으로 여생을 마무리할 줄 알았던 여인의 삶이었다. 이제는 자연의 섭리에 따라 생의 끝자락을 운명으로 받아들이는 모습이다. 결단하는 마음이 처연하면서도 한편 아름다운 마무리를 한다는 생각에 할 말을 잊었다.

내가 편하면 주위 사람이 불편하고, 주위가 편하도록 내가 불편을 감수하는 삶을 사는 의지가 확실하신 분이다. 그게 일이라면 더욱 확실했고 마음 씀씀이도 그랬다. 아버지 돌아가신 어언 17년이 된다. 혼자 지내는 새어머니에게 자식 도리를 한다고 했지만, 노년이 얼마나 외롭고 허전했으랴.

나도 머지않아 삶의 끝자락이라고 여기는 정점에 설 것이다. 새어머니 같은 청정한 마음으로 당당할 수 있을까. 우화하기 전 매미 같은 삶을 사셨기에 가능했으리라. 어찌 내 생애를 새어머니의 강인한 삶에 비유하랴. 어렵고 힘든 일을 피하고 살얼음 위를 걷는 몰골로 살아오지 않았는가. 이제 후회한들 무슨 도움이 되랴. 내 앞만 보고 달려온 삶, 이제라도 가까이 있는 소소한 것들에 관심을 두고 주위 사람의 가슴에 푸근함을 주는 삶의 마무리를 그려 본다.

환승

팔부능선에서 바라본 가을의 풍광이 아름답고 정겹다. 극심한 갈증을 견디고, 태풍의 할퀸 흔적과 병충해의 괴롭힘을 이겨내며 이 계절에 도달했으리라. 당당했던 청록의 잎이 낙엽으로 소진되기 전에 아름다운 자태로 환승하는 것은 자연에 대한 감사이자 본체를 배반하지 않는 순리일 것이다. 이 모든 과정을 이겨낸 환희와 결실의 보상이듯, 형형색색 물든 단풍은 감탄을 자아낸다.

산야가 아름답게 물들 때마다 이모부 생각이 난다. 이모부는 병실에서 자식들을 불러 마지막 말을 남겼다.

"난 잘 살아왔다. 후회는 없다. 모두가 잘 돌보아 주었기 때문임을 감사한다. 너희들도 우애 있게 살아라."

개미만큼 작은 목소리였지만, 심장에서 우러난 소리였다. 그날 이모부는 낙엽이 곱게 물든 병실 창밖을 응시하며 93세의 생을 마감하셨다.

이모부는 6·25전쟁이 나던 해 철도학교를 졸업했다. 서울 용산역에서 철도 점검원으로 근무하던 중 전쟁을 맞아 서울을 탈출, 고모가 사는 우리 동네로 피신했다. 인민군에 강제 징집될 것을 우려해 서울이 수복될 때까지 지하에 숨어 지냈다. 그때 나는 초등학교 4학년으로, 도시 이야기를 들려주던 이모부를 아재라 부르며 따랐다.

서울이 수복된 후 이모부는 철도국에 복귀했지만, 생활은 녹록지 않았다. 동계 피난 중 죽을 고비를 몇 번이나 넘겼다고 했다. 그때마다 하느님의 은혜라며 감사를 놓지 않았다.

어머니는 이모부의 성실함과 책임감을 보고 막내 여동생을 염두에 두었다. 결국 내가 고등학교 다니던 무렵, 두 사람은 결혼해 가족이 되었다. 그러나 가족이 늘면서 생활은 더 힘들어졌다. 이모부는 밤잠을 설치며 고민했다. 내가 대학에 들어가던 해 그는 철도 점검원의 망치를 내려놓고, 영등포에서 철물점을 열었다. 이모부는 철물점에서 고철을 수집해 철강회사에 납품하는 사업을 시작했다. 자본이 부족해 늘 돈이 궁했지만, 신용을 지키며 정직하게 일했다. 이를 믿고 도와주는 수집상들 덕분에 사업은 점차 자리를 잡아갔다. 삼십 대의 열정으로 그는 다시 환승했다.

은행에서 자금을 빌려 철공 제작소를 인수한 이모부는 유압 기계와 식용기름 압착 기계를 제작해 전국에 보급했다. 그러나 사업은 호락호락하지 않았다. 부도로 채권자들에게 몰리고 고발을 당하는 수모를 겪기도 했다. 하지만 그는 좌절하지 않고 성실과 신용으로 위기를 극복하며 주변을 돕는 데도 소홀하지 않았다. 장학금 지원과 복지시설 후원은 해마다 이어졌다.

이모부는 60대 후반이 되어서야 모든 사업을 정리하고 자신의 시간에 전념했다. 늦은 나이에 가톨릭 신앙을 찾고 서예를 시작했다. 정성을 다해 붓을 잡으며 팔순에는 서예 작품전도 열었다. 그는 주일 미사를 거르지 않았고, 가족과 친지들에게 이렇게 말했다.

"지난 일들이 좋은 추억으로만 남았습니다. 치열하게 달려온 내 모습이 부끄럽기도 하지만 자랑스럽기도 합니다. 주위의 도움과 가족의 응원이 없었다면 나는 좌절했을 겁니다. 남은 삶은 종교의 끈을 놓지 않고 가려 합니다."

고비마다 변신하고 환승하며 살아온 자신의 삶을 대견하게 여기는 그의 모습에 모두가 숙연해졌다. 참석자들은 박수로 그의 삶을 축하했다.

창밖 앞산의 단풍이 어제보다 선명하게 다가온다. 치열하게 살아온 계절의 영광을 축제의 불꽃으로 승화하는 듯하다. 삭풍이 오기 전에 마음껏 축제를 즐기며, 새로운 희망을 잉태하며 긴장을 놓지 않는 계절이다. 자연의 이치나 삶의 이치가 다르지 않다.

언제 불어닥칠지 모르는 설한의 바람과 병고를 대비해 긴장의 끈을 놓지 않아야 한다. 이모부처럼 삼여三餘를 실천하며 너그러움과 자중을 무기로 삼아야 한다. 노교수가 말한 삼여, 즉 하루의 저녁, 일 년의 겨울, 그리고 일생의 노년이 여유로워야 한다는 말이 떠오른다. 이모부는 그 여유를 실천한 삶이었다. 그는 운명 앞에서 "난 행복하게 살았다"고 술회할 수 있는 여유를 지니고 있었다.

팔부능선을 넘은 나는 고지가 보인다. 노욕老慾을 경계하며 마음을 비우고 진중함을 보일 때 비로소 여유와 겸손이 깃든다고 했다. 고종명考終命하며 영원한 세계로 환승하는 것이 꿈이다.

얼마나 더 시간이 허락될지 알 수 없지만, 겸손과 감사를 잃지 않고 여유로운 여정의 여백을 채워가고 싶다.

무상無常

 윗바람에 등이 서늘했다. 며칠째 명치 아래의 통증을 호소하며 누워 계시던 어머니의 신음이 점점 잦아들었다. 군불을 지피고 돌아온 아버지는 이불을 끌어 올려 어머니의 얼굴을 덮어주었다. 적막한 방 안에는 아버지의 깊은 한숨 소리만이 울렸다.
 지대가 높은 산골 마을에서는 입동이 다가오면 서둘러 김장을 했다. 마을 앞 냇가에서는 동네 사람들이 분주히 김장거리를 씻었다. 시름시름 앓던 어머니도 더 추워지기 전에 김장을 끝내야 한다는 초조함에 무거운 몸을 이끌고 자리에서 일어났다. 그러나 냇물은 어머니에게 너무나 차가웠다. 아버지와 삼촌이 거들어 김장거리를 다 씻고 소금에 절여 두었다. 양념을 버무려 단지에 담는 일까지 마치면 땅에 묻는 일은 남자들의 몫이었다.
 체질이 약했던 어머니에게는 일곱 식구의 밥을 짓고 살림을 꾸리는 일조차 버거웠다. 할머니도 속병으로 삼십 대 초반에 돌아가셨다고 했다. 그래서인지 어머니가 아프면 아버지는 더욱 예민해지고, 가족들은 무거운 침묵 속에서 살얼음판을 걷는 듯 하루하루를 보냈다.

어머니의 병은 온 가족의 걱정이자 아픔이었다. 닷새장을 넘나들며 생계를 꾸리던 아버지는 더욱 애를 태웠다. 휴전 후 전쟁에 대한 불안과 사회적 우려가 줄어들면서 우시장은 활기를 띠었다. 농번기를 대비해 농우를 마련하려는 사람들에게 겨울은 좋은 시기였다. 아버지는 추위에도 아랑곳하지 않고 우시장을 다니며 소를 사고파느라 애썼다. 그렇게 해서 한 마지기, 두 마지기씩 논을 늘려갔다.

된서리가 내리고 추위가 찾아오면 앞내에는 얼음이 얼었다. 맑은 물에는 피라미, 모래무지, 메기, 꺽지, 붕어, 가재, 다슬기 등이 가득했다. 눈보라가 몰아치며 추위가 거세질수록 얼음장은 물고기들에게 이불이 되었다. 눈이 쌓이면 더 포근한 겨울을 날 수 있다는 것이었다. 동네 어른들은 보리가 추위를 이겨낼 수 있는 것도 눈 덕분이라며, 눈이 많이 내린 해는 풍년이 든다며 반색했다.

물고기에게 얼음장이 이불이 되어 주듯, 어머니가 건강을 되찾아 가정의 이불 역할을 해주길 바라는 것이 아버지의 소망이었다. 어머니가 앓으실 때면 아버지는 어깨를 축 늘어뜨리고 불안감을 감추지 못하며 안절부절못했다. 살얼음 위를 걷는 듯한 그의 마음은 언제 깨어질지 모를 불안과 애절함으로 가득했다.

친구들과 다리 위에서 놀다가 얼음이 언 물속을 들여다보면 피라미 떼가 유영하는 모습을 보곤 했다. 귀가 시리고 콧등이 빨개지도록 우리는 물고기 떼를 세어보고 돌을 던져 얼음을 깨보기도 했다. 얼음이 깨지면 물고기 떼는 사라지고 말았다. 동네 아저씨는 "얼음을 함부로 깨지 마라. 물고기들에게 얼음은 추위를 막아주는 이불이다."라고 타이르곤 했다. 아무리 센 눈보라가 몰아쳐도 얼음 아래는 포근하고 잔잔한 공간이라는 것이었다.

어머니가 고통 속에서 신음하실 때, 혹여 돌아가시지나 않을까, 하는 생각이 스치면 가슴이 철렁 내려앉았다. 여자라곤 어머니 혼자인 가족 구성은 살얼음판 같은 긴장감 속에 있었다. 만약 어머니가 우리 곁을 떠난다면, 집안은 매서운 칼바람 앞에 노출된 것처럼 혹독한 시기를 맞게 될 것이다.

무심코 던진 돌에 얼음이 깨지면 물속 생명들이 고통받듯, 우리 가정의 이불과도 같은 어머니가 무사해야 한다고 생각했다. 온 가족이 힘을 모아 어머니를 돕고 화목한 분위기를 만들어야 한다. 가족의 사랑이 이불이 되어 추운 겨울에도 포근한 가정을 지켜줄 것이라는 믿음이 있었다.

아버지는 어머니의 병환이라는 고통 속에서도 가족의 따뜻한 배려와 애정이 있으면 이를 이겨낼 수 있다고 말씀하시며 가족들을 다독이셨다. 눈보라와 혹한을 막아주는 얼음장이 물고기의 이불이 되어 주듯, 어머니는 가정의 포근한 바탕이라 하셨다. 일찍 어머니를 여의고, 아버지와 삼 형제가 살아온 고충을 직접 겪으며 이겨내신 아버지였다. 그래서였을까, 아버지에게는 가정을 지키는 아내에 대한 연민과 애정이 각별했다.

그러나 삶은 참으로 무상하다. 가족의 바람도 헛되이 어머니는 이른 나이에 세상을 떠나셨다. 어머니의 아픔이 업보였을까. 자식들의 기억 속에는 고통스러워하시던 모습만이 선명하게 남아 짠한 마음이 가득하다. 말수가 적던 아버지의 마음을 다 헤아릴 수는 없었지만, 그 심정이 오죽했을까 싶다. 어머니 몫까지 살아 내겠노라던 아버지는 산수를 넘기고 부르심을 따라가셨으니, 복된 여생이었을까. 살얼음판 같았던 삶. 행복도 불행도 결국은 세월이라는 볕 아래 녹아내리는 것인가. 가물거리는 추억이 허전하다.

그리움

할아버지는 30대 초반에 홀로되셨다. 어린 두 아들을 위해 재혼도 하지 않으셨다고 한다. 조선 말기에 태어나 일제 강점기를 거치고, 6.25전쟁까지 겪으신 할아버지. 일본의 징용에서도 살아 돌아오셨다. 암울하고 힘겨운 삶 속에서 살아남은 것만으로도 축복이라 하셨던 분이다. 나는 그러한 할아버지의 삶을 이야기로 들으며 성장했다.

나는 고등학생이 되기 전까지 할아버지 방에서 자고 공부했다. 유년 시절에는 할아버지가 들려주시는 옛날이야기를 들으며 내 안에 감성을 키웠고, 소년 시절에는 치열하게 살아오신 삶의 애환과 고난을 들으며 세상을 배웠다. 물론 외로움을 느끼셨을 할아버지를 아버지가 배려했던 것도 있지만, 할아버지 곁에 있으면 마음이 푸근하고 안정되었다. 아버지는 아침저녁으로 할아버지의 침구 상태며 방이 따뜻한지를 세심히 살폈다. 매일 저녁 자리끼를 준비하는 일은 내 몫이었다. 그 작은 일조차도 할아버지를 위한 내 나름의 효심이라 여겨 기꺼이 했다.

그때 할아버지는 50대 중반이었다. 그런데도 가정의 어른으로 온 가족의 존경을 한몸에 받으셨다. 시월 상달이 되면 문중을 대표해 멀리 선현시제先賢時祭에 참석하시느라 며칠씩 집을 비우시곤 했다. 할아버지가 집을 떠나실 때는 물론이고, 돌아오실 때도 모든 가족이 사랑방에 모여 큰절로 무사히 다녀오심을 예를 표했다. 그 모습은 지금도 내 기억 속에 생생하다.

아버지는 학교 근처에도 가보지 못하셨지만, 어른을 공경하고 복종하는 것을 철저히 강조하셨다. 그것은 단지 말씀으로만 끝나지 않고, 실천으로 보여주셨다. 아버지는 어머니를 일찍 여의고 큰어머니에게 의지하며 어린 시절을 보냈다. 그래서였을까. 아버지는 큰댁 할머니의 생신을 꼭 챙기셨다. 물질적인 도움을 드릴 수 없던 시절에도, 마음의 의지는 그 무엇보다 크고 소중했다며 늘 강조하셨다.

아버지는 어머니를 만나 가정을 꾸리신 후 가난을 벗어나기 위해 혼신의 힘을 쏟았다. 보국대에서 죽을 고비를 넘기고 돌아온 아버지는, 휴전과 함께 작은 농사를 삼촌에게 맡기고 우시장으로 나섰다. 수완이 좋으셨던 아버지는 점차 땅을 늘려가며 가족을 궁핍에서 벗어나게 하셨다. 커가는 자식 다섯을 공부시키겠다는 절박한 책임감이 아버지 힘의 원천이었다. 20여 호 남짓한 산골 마을에서 중학생과 고등학생을 둔 유일한 집이 우리 집이었다. 장날이면 생선이든 고기든 한 가지는 꼭 사 오셨고, 특히 할아버지의 상에는 항상 고기반찬을 올려드렸다.

요즘 주말이면 손주들과 자식들이 다녀간다. 하지만 한두 주일에 한 번 보는 할아버지, 할머니에게 "안녕하세요." 하며 고개만 살짝 숙이는 것이 그들의 인사다. 자식들 또한 다를 바 없다. 절하라고 호통을 치고 싶다가도 시대 탓이라며 마음을 삭이곤 한다. 아내에게 슬쩍 떠보아도 그냥 넘어가라는 답만 돌아온다. 요즘 시대에는 옆구리를 찔러 절을 받으려 해도 마음대로 되지 않는다.

식탁에서조차도 손주들은 "할아버지 먼저 드세요."라는 한마디를 하고는 저마다 음식을 집어 든다. 그것을 당연하게 여기는 내 자식들을 보면 가슴 한편이 씁쓸해진다. 이는 교육의 탓일까, 시대의 흐름일까. 한참 고민하다가도 결국엔 내 탓으로 돌리며 자신을 책망하게 된다. 내가 부모님을 제대로 모시지 못했고, 자식들에게도 좋은 본을 보이지 못했다는 자책감이 몰려온다.

우리 세대는 부모님이 노인들에게 하시는 모습을 보며 자라났다. 어른을 공경하고 예의를 다하는 것이 당연한 도리였다. 하지만 내가 이제 노인으로 살아가며 느끼는 현실은 이와는 너무나 다른 간극間隙을 보여준다. 그래서 더 허탈하고 공허한 마음이 드는지도 모르겠다.

노인으로 살아가는 세월은 점점 더 길어진다. 하지만 노년의 삶은 얻는 것보다 잃어가는 것이 더 많은 시간이다. 육체의 기운도, 마음의 활력도 줄어든다. 결국 죽음이라는 벽을 앞에 두고 달려가는 시간이 노년일 것이다. 자식들이 부모를 배려하고 모시지 않으면, 노후는 외롭고 힘들어질 수밖에 없다.

나는 자식들에게 자주 말한다. "부모에게 하는 배려는 너희 자식들이 보고 배우는 산 교육이다. 너희가 늙으면 결국 그것을 그대로 돌려받는다. 젊음이 영원한 줄 아느냐. 잠깐이면 내 모습이 너희 모습이 된다. 정신 차려라." 하지만 그 말은 울림 없는 메아리처럼 느껴져 마음 한편이 쓸쓸하다.

아버지는 늘 삶으로 모든 것을 보여주셨다. 나는 말로만 앞세우고, 삶으로 보여주지 못한다. 내가 어찌 아버지의 삶을 넘어설 수 있으랴. 그리움과 후회가 교차하는 마음으로, 오늘도 나는 아버지의 발자취를 떠올린다.

고향이 그립다

을씨년스럽던 화단에 생명력이 움튼다. 아직은 아침저녁으로 찬 기운이 감돌지만, 그것쯤은 아랑곳하지 않는 듯하다. 진달래가 수줍은 듯 붉은 꽃봉오리를 내밀더니, 오늘 아침에는 활짝 피어나 환하게 웃고 있다. 지난겨울 매서운 눈보라와 싸우며 차곡차곡 준비해 온 봄의 화신이 아니겠는가.

문득, 마음은 소년 시절 고향으로 달려간다. 이맘때쯤 뜰에 나서면 앞산은 울긋불긋 화사한 색으로 물들었고, 개울 건너 들판은 나날이 더 짙푸르게 변해갔다. 눈을 이불 삼고 칼바람을 이겨낸 보리는 칙칙한 들판을 연둣빛으로 환하게 물들였다. 아버지와 삼촌은 겨우내 갈무리해 둔 두엄을 논과 밭으로 나르느라 바빴다. 땅심을 돋워야만 풍년을 기대할 수 있다며 구슬땀을 흘리셨다.

그 시절에는 수동手動 농기구가 전부였고, 마을이 산자락에 있어 우마차조차 다닐 수 없었다. 지게에 거름을 잔뜩 얹고 경사진 산

길을 오르내리며 숨을 헐떡이던 아버지의 모습이 선하다. 그 땀방울 속에는 가족을 향한 사랑과 책임감이 배어 있었다.

부모님은 너 나 할 것 없이 자식들에게 힘든 농사 대신 도시로 나가 기술을 배우거나 장사를 익히기를 바라셨다. 중·고등학교에 보내는 것도 꿈같은 일이던 시절, 일가친척이나 지인의 연줄을 통해 자식들을 고향 밖으로 내보내려 했다. 숙식을 해결하며 일을 배우는 것만으로도 축복이었다. 고향을 떠나는 것이 어찌 두렵지 않았겠는가. 그러나 떠나보내면 입이 줄어 가계에 보탬이 되니 부모님들은 오히려 반기셨다. 장밋빛 미래를 꿈꾸며 말이다.

나 역시 농사를 짓지 않겠다는 마음이 떠나지 않았다. 여름방학이면 푹푹 찌는 염천 아래에서 고추밭 고랑을 누비며 붉은 고추를 따는 일은 참으로 고역이었다. 고추가 붉게 익어가도 따지 않으면 땅에 떨어져 버렸다. 가족 모두가 동원돼야만 겨우 끝낼 수 있는 일이었다. 여름 내내 담뱃잎을 따고 건조시키는 일도 마찬가지였다. 힘들고 고된 농사일을 보며 부모님께서 흘리신 진땀은 어린 내게 무언의 가르침이었다.

농사로 겨우 입에 풀칠하며 살아가는 부모님의 모습을 보며 생각했다. '나는 이 길을 걸을 수 없다.' 가뭄이나 병충해가 닥치면 하늘을 원망하고, 가을걷이 뒤 비어버린 광을 보며 한숨짓는 부모님을 보면서 마음 깊은 곳에서 다짐했다.

나는 부모님의 희생으로 중·고등학교를 거쳐 대학까지 졸업할 수 있었다. 우물 안 개구리처럼 갇혀 있던 내가 대도시로 뛰어든 것은 고향에 남아 나를 지켜준 가족이라는 든든한 언덕이 있었기에 가능했다.

대학 시절, 도시의 화려한 생활은 그저 그림의 떡이었다. 그러나 그 차이는 내게 큰 자극이 되었고, 더 나은 미래를 향한 희망을 품게 했다. 부모님 품을 떠난 생활은 육체적으로 힘들기보다는 정신적 외로움이 컸다. 고향의 가족이 얼마나 소중하고 나를 지탱해 주는지 그때 처음 알게 되었다.

첫 학기 등록금을 마련하기 위해, 농사짓던 소를 우시장으로 끌고 가셨던 아버지의 뒷모습이 떠오른다. "등록금 없는 대학에 가게 해달라."던 부모님의 소박한 바람을 헤아리며, 밤잠을 설치며 가정교사를 하고 학업을 이어갔다. 그 노력 끝에 받은 대학 졸업장은 이제 아련한 추억이 되었다.

장남이 대학을 졸업했으니, 다른 자식들 뒷바라지는 좀 더 수월해지리라 기대하셨을 부모님의 마음을 그때는 헤아리지 못했다. 땅과 씨름하던 부모님은 농사꾼의 삶을 벗어나길 바라셨지만, 나는 그 뜻을 외면했던 못난 자식이었다.

80년대 초, 부모님이 피땀 흘려 일군 논 한 평 값이 맥주 몇 병 돈과 맞먹는 현실을 알면서도, 그 죄책감을 애써 외면하며 살았다. 고향과 부모님의 생각은 머릿속을 떠나지 않았지만, 치열한 삶 속에서 자주 잊곤 했다.

이제는 부모님도 떠나셨고, 형제자매도 모두 대처로 흩어졌다. 부모님의 혼과 피땀이 서린 고향, 내 유년의 모든 기억이 깃들어 있는 그곳은 여전히 내게 언덕 같은 존재다. 비록 몸은 멀리 떨어져 있지만, 고향 생각은 끊임없이 찾아든다.

향수일까, 죄책감일까. 좋았던 기억이든, 힘들었던 순간이든, 모든 것이 그리움으로 변했다. 부모님의 정성과 사랑이 배어 있는 고향에도 지금쯤 진달래꽃이 만발했으리라.

초심

    아내의 붉은 장미 사랑은 남다르다. 유치원 담장을 투명한 철책으로 바꾸며 심었던 덩굴장미가 이제 한 세대의 시간을 넘어섰다. 매해 가을, 아내는 장미가 더욱 풍성하게 피어나길 바라며 거름을 아낌없이 주었다. 나는 마른 가지를 치고 늘어진 가지를 묶으며 그녀의 곁을 지켰다. 그렇게 손길을 모아 가꾼 장미는 올해도 어김없이 5월 내내 담장을 물들이며 붉고 화려한 꽃을 피웠다. 어린 원생들부터 길을 오가는 이들까지 모두가 장미 앞에 발걸음을 멈췄다. 그 감탄과 환희의 순간들은 장미를 통해 얻는 또 다른 보상이었다.

    장미 덩굴을 정리하다 보면 자연의 이치가 눈앞에 선명해진다. 오래된 가지는 스스로 영양의 흐름에서 배제되고, 뿌리는 새로운 가지를 키우는 데 온 힘을 쏟는다. 처음 심었던 위치조차 바꾸어 가며 생명을 이어가는 장미의 지혜는 감탄을 자아낸다. 굵고 튼튼

했던 가지를 도태시키고, 어린 가지에 온 정성을 쏟는 모습은 삶을 위한 고통스러운 선택처럼 보인다. 마치 자신을 희생하여 새 생명을 키우는 자연의 이치를 몸소 보여주는 것 같다. 그 치열한 생명력이 있기에 장미는 5월의 대지 위에서 누구보다 찬란히 피어나는 것이리라.

아내는 특별히 붉은 장미를 사랑했다. 그 붉음이 가진 생명력과 열정, 그리고 희망을 닮아서였을까. 붉은 장미의 꽃말은 '애정과 행복한 사랑'이다. 결혼식 날 친구들이 선물한 붉은 장미 꽃다발을 아내는 여전히 기억한다. 반세기가 넘도록 마음속에 그날의 기억을 품고 있다는 사실이 경이롭다. 고단한 삶 속에서도 그녀가 그 꽃다발과 꽃말을 가슴에 품고 살아왔다는 걸 이제야 깨닫는다. 반면, 나는 어땠을까. 초심의 사랑을 떠올리며 달려왔지만, 억지춘향 같은 삶이었는지도 모른다. 실망과 고단함 속에서 살아온 시간들, 그 틈에서 포기하지 않고 함께 살아온 아내의 강인함과 애정을 이제야 헤아리게 된다.

사실 우리의 부부 관계는 물에 물 탄 듯 밋밋하게 흘러왔다. 누군가는 늙어갈수록 더 찰떡같은 부부가 된다지만, 우리에겐 소금물에 절인 장아찌 같은 시간이 더 익숙하다. 장미꽃이 붉게 피어나고 바람에 흩날릴 때마다 문득 아내의 마음을 다 알지 못했다는 미안함과 아쉬움이 스며든다. 그녀는 장미를 통해 초심을 지키며 사랑을 가꿨지만, 나는 바람에 흔들리는 꽃잎처럼 흔들리는 삶을 살았던 것 같다.

 붉은 장미가 꽃잎을 떨구며 다음을 준비하듯, 나 또한 '유종의 미'를 생각한다. 황혼의 저녁노을이 해돋이보다도 더 매혹적인 이유는, 그 안에 담긴 성숙과 아름다움이 있기 때문일 것이다. 이제는 나도 아내의 장미를 닮고 싶다. 치열하게 피어나고, 향기와 아름다움을 나누며, 사랑으로 주변을 채우는 삶. 그 속에서 아내가 꿈꾸던 '행복한 사랑'을 비로소 함께 찾아가고 싶다.

 꽃은 삶의 본질을 비추는 거울 같다. 꽃을 좋아하는 사람은 여리고 순수한 마음을 간직한 사람일 것이다. 아내는 장미를 가꾸며, 스스로 치유하고 사랑을 품어왔다. 나는 종잡을 수 없는 여름 소나기 같았다. 그러나 이제는 장미를 닮아가며, 아내의 마음에 한 걸음 더 다가가고 싶다. 그 장미가 가르쳐준 사랑과 생명력을 나누며, 우리 관계의 초심을 다시금 새겨보고 싶다.

 붉은 장미의 계절이 깊어 가는 지금, 나는 아내와 함께 장미의 이야기 속으로 조금 더 깊이 들어간다. 꽃잎이 진 자리마다 새로운 사랑이 피어나듯, 아내가 간직해온 희망과 사랑이 더 단단해지길 바란다.

사진 한 방

　사진첩을 넘기다 보니, 낡고 색이 바랜 흑백사진 한 장이 눈에 들어옵니다. 사진 아래쪽 희미하게 적힌 날짜 "4281, 3. 22."는 그날의 기억을 아련히 되살려줍니다. 내가 초등학교에 입학하던 날이었습니다.

　어머니가 정성껏 만들어주신 바지저고리에 조끼까지 입고 나서니, 그야말로 날아갈 듯 기뻤습니다. 어머니 손을 잡고 푸르름이 약동하는 산모롱이를 돌아, 개울둑을 건너 들길을 지나니 넓은 신작로가 나왔습니다. 이마에 흐르는 땀을 훔치며 도착한 학교는 넓은 운동장과 함께 무척 컸습니다. 첫 학교길의 들뜬 마음 때문인지 십 리가 넘는 길을 금방 달려온 것 같았습니다. 아직 이립而立이 되지 않았던 어머니 역시 첫아들의 입학식 날이라 얼마나 설렜을까요.

　입학식에서 선생님이 하신 말씀은 기억나지 않지만, 어머니의 기대와 기쁨은 사진에 고스란히 남아 있습니다. 간단한 입학식이 끝나고, 선생님이 나누어준 교과서를 받아 든 어머니는 읍내 사진관에 가자고 하셨습니다. 먼 길을 걸은 피로와 배고픔 때문에 투정을 부렸지만, 어머니는 "너의 첫 학교 입학 기념으로 사진 한 방은 꼭 찍어야 한다."며 채근을 멈추지 않으셨습니다.

읍내 네거리의 일본식 목조건물 2층이 사진관이었습니다. 어둑한 분위기의 사진관으로 들어서니, 사진사 아저씨가 우리를 반갑게 맞아주었습니다. 어린이용 양복과 둥근 모자를 건네받아 갈아입으니 어색했지만, 몸에 맞았습니다. 사진사가 "멋지다."고 칭찬해 주어, 지치고 피곤했던 마음이 조금은 풀렸습니다.

사진사는 어머니와 긴 대화를 나누더니, 아들 혼자 찍는 것보다 어머니와 함께 찍는 것이 추억이 된다며 웃음을 지었습니다. 그러면서 어머니에게 화장대를 권했습니다. 어머니가 화장을 마치고 나니 얼굴이 훨씬 환해 보였습니다.

드디어 사진을 찍게 되었지만, 사진사는 서두르지 않았습니다. 내 표정을 살피며 이야기를 건넸고, 기다림 속에서 점심시간은 훌쩍 지나갔습니다. "하나, 둘, 셋." 사진사의 외침과 함께 펑 하고 빛이 번쩍이며 철컥 소리가 났습니다. 먼 길을 걷고 옷을 갈아입으며 난리를 치렀는데, 사진 찍는 일은 이렇게 싱겁게 끝났습니다. 그날 찍은 사진은 이후로 어머니와 함께 찍은 유일한 사진이 되었습니다.

다음 장날 사진을 찾으러 오라는 말에, 어머니는 장터에 나가지 못하시고 다른 사람에게 부탁하셨던 것 같습니다. 여름방학 때 어머니가 사진을 보여주시며 "실물보다 못하네. 지금의 네가 훨씬 잘생겼다."며 칭찬하셨습니다. 사진 속의 나는 밝지 않은 표정이었지만, 어머니는 그날의 마음을 떠올리며 애써 웃으셨던 것 같습니다.

중학교 입학하던 날, 어머니는 6년 전의 사진을 보여주시며 말씀하셨습니다. "네가 어릴 때 모습과 지금의 모습은 천지 차이구나. 네가 이렇게 의젓하게 자라준 것이 참 대견하다." 그러면서 중학교 입학 기념으로도 사진 한 장 찍자고 하셨지만, 어머니의 잦은 병환으로 결국 그 약속은 이루어지지 못했습니다.

지금 내가 산수가 넘은 나이에, 어린 시절 어머니와 함께 찍은 그 사진을 다시 꺼내 보니, 참 어설프게 살아왔다는 생각이 듭니다. 어머니는 아들이 잘 자라길 바라는 마음으로 그 먼 길을 걸어 사진관에 가셨던 게 아닐까요. 어머니의 설렘과 기대에 부응하지 못하고 살아온 내 삶이 부끄럽게 느껴집니다.

사진 속 어머니는 자식의 모습을 보며 때로는 실망하기도 하고, 잘되길 바라며 속을 태우셨을 것입니다. 생전 처음으로 아들과 찍은 사진 한 장에 모든 바람과 사랑을 담아내셨던 어머니의 마음을 이제야 헤아립니다.

걷기가 싫다며 투정을 부리고, 배고픔에 짜증을 냈던 어린 시절의 내 모습이 떠오릅니다. 그것은 잘 살아오지 못한 회한悔恨이며, 어머니를 떠올릴 때마다 더 깊어지는 불경스러움일 것입니다.

　어머니, 하늘에서라도 이 아들을 어여삐 보아주시길 빕니다. 마음으로나마 잊지 않고, 영원한 안식을 기도합니다.

고달픈 삶

　소나무 뿌리는 할아버지의 삶을 닮았습니다. 등산길을 가로지르는 굵은 소나무 뿌리가 땅 위로 드러나 있었습니다. 길 위쪽의 웅장한 소나무에서 뻗어나온 뿌리였는데, 오랜 세월 바람과 비에 씻겨 속살을 드러낸 그 모습은 황갈색으로 반질반질 윤이 났습니다. 신기한 마음에 손을 대보니, 생명의 에너지가 내 몸으로 전달되는 듯한 느낌에 움찔했습니다.
　오랜 시간 등산객들의 발길이 닿으며 자연스레 생긴 길, 그 길을 품고 있는 소나무 뿌리는 오랜 세월 비바람을 맞아 흙이 씻겨 내리면서 드러났습니다. 하지만, 하늘을 향해 자라는 몸체와 늘 푸른 잎을 지키기 위해 스스로 보호 장치를 만들며 견뎌냈습니다. 사람들의 무심한 발길에 짓밟혀 속살을 드러내고도, 소나무는 가지를 키우고 몸통을 늘리는 일을 포기하지 않았습니다. 그 모습은 고통 속에서도 강인해지는 삶의 이야기를 들려주고 있었습니다.

그 뿌리를 보며 문득 내 소년 시절 할아버지와의 추억이 떠올랐습니다.

해 질 녘이 되면 할아버지는 늘 쇠죽을 쑤셨습니다. 끓는 쇠죽을 휘휘 저을 때 사용하는 '쇠죽 갈고리'는 소나무 뿌리로 만든 도구였습니다. ㄱ자 모양으로 긴 자루에 연결된 그 갈고리는 단단하고 윤이 나는 황갈색이었습니다. 원래는 땅속에서 나무를 지탱하고 자양분을 올려주는 뿌리였지만, 어느 날 잘려 나와 누렁이의 밥을 짓는 도구로 재탄생했습니다. 뿌리는 "어차피 산비탈을 붙잡고 천만년을 살 수도 없으니, 이렇게라도 누군가에게 필요한 존재로 쓰임 받는 게 다행"이라며 읊조리는 듯했습니다.

할아버지는 쇠죽을 쑤실 때 내가 곁에서 거드는 것을 좋아하셨습니다. 여물을 써는 일부터 불을 때는 일까지 도와드리면, 할아버지는 일상적인 예절과 인생의 지혜를 말씀해 주셨습니다. "우리는 몰락한 양반의 후예다. 비록 곤궁한 삶을 살지라도, 근본은 잃지 말아야 한다. 조상들은 정직하고 청렴하게 살아왔다. 현실이 아무리 힘들어도 다시 태어날 때는 더 나은 존재가 될 것이다. 소나무 뿌리가 갈고리로 변해 누렁이 밥을 짓는 일은 조건 없는 희생이며 사랑이다. 소가 튼튼해야 농사일을 잘 해낼 수 있으니, 쇠죽을 정성 들여 쑤는 것은 곧 가정의 평화를 짓는 일이다. 너도 정직하고 착하게 살면서, 후세에도 누군가를 가르치는 선생님이 되거라."

할아버지는 조선 말엽인 19세기 말에 태어나 20세기 중반까지 사셨습니다. 바위틈을 비집고 돌며 푸름을 유지하는 소나무 뿌리처럼, 할아버지도 가정을 지키기 위해 고난의 세월을 견디셨습니다. 약관의 나이에 결혼해 두 아들을 두셨지만, 한 아들은 장애를 가졌고, 설상가상으로 할머니는 사십에 세상을 떠나셨습니다. 삼부자가 견뎌야 했던 세월은 매서운 겨울보다 더 혹독했습니다.

큰아들이 결혼해 내가 태어나고 두 돌 무렵, 할아버지는 가난의 굴레를 벗어나기 위해 큰 결단을 내리셨습니다. 소나무 뿌리가 바위를 껴안으며 자라듯, 할아버지는 더 나은 삶을 위해 죽음을 불사하고 일본으로 떠났습니다. 당시 일본은 대동아 전쟁으로 수탈을 일삼던 시절이었고, 할아버지는 탄광과 같은 험한 곳에서도 돈이 되는 일이라면 무엇이든 하셨습니다. 일본이 항복한 후에는 구사일생으로 고향에 돌아오셨습니다.

할아버지는 자신과 자식들을 공부시키지 못한 것을 평생 아쉬워하셨습니다. 하지만 소나무가 바위틈에서도 푸름을 유지할 수 있었던 것은 희생하는 뿌리 덕분이었듯, 할아버지의 희생과 가족 사랑이 있었기에 오늘의 내가 존재합니다.

등산길에서 마주친 소나무 뿌리를 볼 때마다, 쇠죽 갈고리를 떠올리며 할아버지의 고달팠던 삶이 떠오릅니다. 그 뿌리를 밟지 않으려 조심스레 발걸음을 옮기지만, 내 마음은 결코 가볍지 않습니다.

추억 마침표는 없다

나이가 들어가면서 꿈은 점차 사라지고, 그 자리에 추억만 남는 듯하다. 우울한 생각이 들 때마다 어린 시절의 추억이 떠오르고, 그곳으로 떠나면 마음이 편안해진다. 특히 외출이 부담스러워지는 이 시기에, 창밖 푸른 하늘과 구름을 보며 어린 시절의 한때를 떠올린다.

전쟁이 나던 해, 서울에서 낯선 할아버지 가족이 우리 마을로 피란을 왔다. 너나없이 어렵던 시절, 할아버지는 식솔 호구지책으로 마을 사랑방에서 서당을 개설했다. 전쟁으로 학교도 문을 닫은 때였고, 마을 아이들 몇 명이 서당에 모여 천자문을 배우기 시작했다. 천자문 낭독은 담을 넘어 동네로 퍼져나갔고, 하루에 한 쪽씩 책을 외우고 강독했다. 못 외우면 회초리로 맞기도 했다. 우리는 벌을 피하려 억지로 외우고, 그 뜻을 열심히 들으며 한문을 익혔다. 할아버지는 그때마다 윤리, 예의범절, 역사 등 다양한 이야기를 풀어내셨고, 그런 이야기에 마음이 끌려 끝까지 배울 수 있었다.

　서울은 우리에게 꿈속에서나 그리던 곳이었다. 그 시절, 마을에서 서울에 다녀온 사람은 없었고, 서울 이야기만이 호기심을 자극했다. 할아버지는 그 시절 서울에서 생활하시던 이야기를 자주 들려주셨고, 우리는 그 이야기에 귀를 기울이며 서울을 상상했다. 하지만 서울에 가려면 책을 좋아해야 한다는 할아버지의 말씀이 아련해지는 기억 속에서도 생생하게 떠오른다.

　전쟁이 끝나고 할아버지 가족이 서울로 가기 전까지, 우리는 세 해 동안 천자문과 『동몽선습』을 배우며 한자와 그 뜻을 익혔지만, 실제로 한자나 그 뜻을 얼마나 알고 있었는지는 잘 기억나지 않는다. 그러나 서울 이야기와 공자, 맹자 말씀은 여전히 생생하게 기억에 남아 있다. 그때 신문을 보면 한자가 많았고, 우리는 한자를 익히려 애썼다. 당시에는 도구가 없어 눈과 귀로만 공부할 수 있었기에, 손으로 쓰는 것은 어려웠다. 그래서 읽는 것은 쉽게 할 수 있었지만, 쓰기는 어설펐다. 그 시절이 아직도 소중하게 다가오는 이유는 할아버지의 가르침과 상상 속에서만 그리던 서울 이야기가 있었기 때문이다.

　구한말에 태어난 할아버지는 한문 공부를 많이 하셨고, 과거시험 준비를 열심히 했지만, 시대의 흐름이 그 기회를 막았다. 일본 식민지 시대를 겪으며 살기 위해 서당을 열었고, 전쟁 중에는 아내를 여의고 자식 셋을 데리고 전쟁을 피해 남쪽으로 오면서 우리 마을과 인연이 되었다. 그 시절의 힘겨운 생활 속에서도, 할아버지는 서당을 열고 한문을 가르치며 근근이 살았다.

할아버지는 자주 자신의 힘겨운 삶을 이야기하시며, 시대를 잘못 만나 꿈을 펼치지 못한 점을 아쉬워하셨다. 특히, 큰아들이 국립교통학교에 다니던 중 전쟁이 나자, 아들이 전쟁에 끌려갈 수 있다는 걱정에 고향인 서울을 떠났었다. 다행히 아들은 전쟁에 끌려가지 않았고, 휴전되면서 학교에 복귀했다. 그리고 몇 년 후, 어머니의 중매로 이모와 결혼해 외척이 되었다.

서울에서 공부하던 중 가끔 할아버지를 찾아뵈면, 피란 시절을 회상하시며 좋은 세상이 되었으니 꿈을 펼치라는 격려를 아끼지 않으셨다. 할아버지는 어려운 생활 속에서도 선비의 기품을 잃지 않으셨고, 시대를 잘못 만난 탓을 하시지 않으셨다. 오히려 자신의 고생을 운명이라 여기며 살아온 길을 회고하셨다.

"너희들 세대는 능력의 시대가 될 것이다. 갈고닦는 데 소홀하지 마라. 어려운 일도 시간과 함께 흘러간다. 좌절하지 않는 용기가 중요하다." 이러한 말씀이 지금도 여전히 마음에 남아 있다. "우리 세대는 세월에 끌려왔지만, 너희 세대는 사람의 능력이 이끄는 변화무상한 시대가 될 것이다. 실력이 없으면 도태 된다."는 할아버지의 예언은, 이제 내가 그 나이가 되면서 더욱 깊게 다가온다.

이제 나는 할아버지의 뒤를 따라가고 있는 나이가 되었다. 할아버지 세대보다 더 자유롭고 풍요로운 삶을 살아가고 있지만, 그때의 어려운 삶의 모습과 힘든 기억들이 여전히 마음에 남아 있다. 그 시절, 시대적 운명에 순응하며 살아야 했던 삶이 생각나면, 그저 '그냥 지나 가리라'는 마음으로 타고난 팔자로 돌리며 세월에 순응하는 순박했던 세대에 대해 감사하는 것이다.

대포 소리

　내가 태어나 자란 마을은 스무 가구 남짓한 산골 집성촌이었다. 마을 앞으로는 개울이 흐르고, 그 건너 푸른 들녘에서는 제비들이 날아다니며 재잘댔다. 목가적인 풍경 속에서 꿩들이 산자락 비탈밭을 날아다녔고, 콩밭을 지키던 할아버지는 밭을 오르내리며 분주히 움직이셨다. 햇볕이 따갑게 내리쬐기 시작하는 유월 하순, 마당 끝자락 고욤나무에서는 참새 떼가 재잘거리며 숨박꼭질로 부산을 떨었다.

　1950년 6월 25일, 그날도 평소처럼 평온했다. 그런데 오후가 되면서 멀리 북쪽에서 '펑펑' 하는 소리가 희미하게 들려오기 시작했다. 일본에서 고난과 전쟁을 겪고 구사일생으로 돌아오신 할아버지는 그 소리가 대포 소리 같다며 불안해하셨다. 동네에 라디오 한 대도 없어, 소식을 듣는 방법은 인편이 전부였다. 저녁이 되어서야 사태의 전말을 알 수 있었다.

면사무소에 다니는 친척 형님이 비상소집을 다녀오면서 전쟁이 났다고 전했다. 이날 새벽, 북한군이 삼팔선을 넘어 국군과 전투를 벌이고 있다는 것이다. 형님은 면사무소도 군청 지시를 따라 비상 대기 상태에 들어갔다고 했다. 다음 날부터 대포 소리가 점점 가까워지고, 신작로에는 뿌연 먼지가 끊임없이 일었다.

전쟁이 무섭다는 건 어른들의 불안한 모습에서 느껴졌을 뿐, 왜 그렇게 심각한지는 몰랐다. 월요일 아침, 불안한 마음을 안고 학교로 달려갔다. 운동장에서 열린 전교생 조회에서 교장 선생님의 말씀을 듣고서야 전쟁의 무서움을 알았다.

"공산군이 침략해 서울에서 국군이 전투 중입니다. 물리칠 때까지 방학에 들어갑니다. 밖에 함부로 나가지 말고, 어른들 말씀을 잘 들어야 합니다."

선생님은 안타까운 표정으로 포탄이나 비행기 공습에 주의하라는 당부도 잊지 않으셨다.

면서기였던 형님 가족은 노인들만 남기고 남쪽으로 떠났다. 공무원들은 차편을 마련해 피란길에 오른 모양이었다. 동네 사람들도 술렁이기 시작했다. 인민군이 가까이 왔다는 소문이 돌았다. 아버지는 쌀 단지를 땅에 묻고 피란 준비를 하셨다. 할아버지는 "소, 돼지, 닭을 돌봐야 하니 나는 안 가겠다."며 우리에게 빨리 떠나라고 하셨다. 그러나 피란이라야 산골 깊은 곳으로 걸어 들어가는 것이 전부였다. 한적한 산골이라면 공습도, 포탄도 피할 수 있을 거라는 막연한 기대였다.

 삼 일째 되는 날, 산 고개를 넘다가 인민군과 마주쳤다. "해방되었으니 빨리 집으로 가라."는 말을 듣고 집으로 돌아왔다. 그로부터 일상이 시작되었지만, 7월 중순이 되면서 우리 마을은 완전히 북한의 통치 아래 놓였다. 젊은 아재들 몇 명이 인민군으로 징집되었고, 보도연맹에 참여하는 사람도 있다며 노인들이 걱정했다. 어른들은 앞으로 어떤 일이 닥칠지 몰라 걱정과 두려움 속에 하루하루를 보냈다. 동네는 서먹하고 침묵이 흘렀다.

 7월 무더위 속에서 매미 소리가 요란하게 울려 퍼졌다. 미국 전투기들이 편대를 지어 굉음을 내며 산 너머로 사라질 때면, 할아버지는 "이제 좀 안심이 된다."며 혼잣말을 하셨다. 일본을 패망시킨 미국이 북한 공산군도 물리칠 거라고 믿으셨다. 비행기 싸움에서 미국이 이기고 있다는 소식이 그나마 위안이 되었다.

 나는 할아버지와 한방에서 자며 많은 이야기를 들었다. 구한말에 태어나신 할아버지는 일본의 침탈로 나라를 잃고 평생 수탈당하며 살아오셨다. 이제야 겨우 전쟁에서 돌아왔는데 또다시 전쟁이라며 한숨 쉬실 때면 나도 함께 마음이 무거웠다. 아버지는 인민군 징집을 피하려 몸을 숨기며 지내고 계셨다. 할아버지는 전쟁에서 이기려면 강한 나라가 필요하다며, 미국의 도움이 절대적이라 믿으셨다.

 작은 마을에서도 인민군에게 협조하는 사람들이 생겨났다. 그 모습을 보며 할아버지는 "헛 배웠다."고 하시며 속을 끓이셨다. 전쟁의 뿌리는 결국 이념이었고, 그 갈등은 지금까지도 나라를 흔들고 있다. 통일 없이는 이 갈등이 끝나지 않을 것이고, 자유민주주의에 대한 확고한 교육이 절실하다.

    그해 여름, 매미 소리는 유난히도 요란했다.

전화기

거실 한구석 작은 탁자 위에 다소곳이 자리 잡은 구태의연한 전화기가 있다. 그 모습은 시간을 거슬러 1980년대 초반으로 나를 데려간다. 당시 백색전화는 비싸 망설이다가 청색전화를 신청했던 기억이 새록새록 떠오른다. 이후 몇 번의 이사를 거치며 전화번호도 바뀌고, 최근에는 디지털 전화기로 바뀌었지만, 그 뿌리는 여전히 한결같다. 이 전화기는 우리 가족의 희로애락을 함께해 온 가장 오래된 살림 도구이자 추억의 한 조각이다.

어쩌면 이 전화기도 한때의 영화를 떠올리며 스스로 위로하고 있을지 모른다. 아니면 핸드폰이라는 새로운 경쟁자에게 밀려난 서러움을 삭이며 조용히 침묵하고 있는 건 아닐까. 한때 모두의 시선을 끌던 이 존재가 이제는 구석으로 밀려난 모습이 안쓰럽고 애잔하다.

요금 청구서가 날아들 때마다 가족들은 "이제는 필요 없으니 반납하자."는 말을 꺼낸다. 하지만 나는 그 말을 한쪽 귀로 흘려버린다. 전화기를 바라보며 마음속으로 다짐한다. "염려하지 마, 내가 네 주인이잖니."

1980년대 중반, 홀로 계시던 아버지께 의붓어머니를 모셨다. 그러나 두 분은 자식들과 함께 사는 것이 불편하다며 고향으로 돌아가길 원하셨다. 새 보금자리를 마련하며 가장 먼저 한 일은 전화 신청이었다. 아버지는 건강하셨지만, 두 분의 생활이 궁금해 매일 전화를 걸었다.

"잘 있다."는 아버지의 목소리는 안심을 주었고, 점차 전화 통화 횟수는 줄어들었다. 대신 의붓어머니께서 더 자주 전화를 걸어오셨다.

"아버지 잘 계신다. 염려 말고 너희들 잘 있으면 됐다."

그 짧은 말 속에서 느껴지는 따스함과 고마움은 말로 다 표현할 수 없었다.

핸드폰이 보편화된 이후로 일반 전화기를 사용할 일이 거의 없어졌다. 그러나 의붓어머니는 여전히 일반 전화만 고집하셨다. 하루 일을 마치고 저녁이면, 일정한 시간에 울리는 벨소리는 곧 부모님의 목소리와 연결되었다. 전화를 걸고 받는 일은 대부분 의붓어머니의 몫이었다.

나 역시 자녀들과는 별다른 일이 없으면 전화를 걸거나 받지 않는다. 아이들도 으레 아내에게만 전화를 건다. 그렇다고 서운하지는 않다. 나는 스스로에게 이렇게 말한다. "아비보다는 어미가 더 정감 가는 법이지."

아버지는 의붓어머니와 함께 13년을 지내시다 세상을 떠나셨고, 어머니는 그 후로 17년을 더 홀로 사셨다. 핸드폰을 마련해 드렸지만, 어머니는 여전히 일반 전화만 고집하셨다. 이제는 고향에도 어머니가 계시지 않고, 그 전화기도 반납되었다.

거실 한구석에 남아 있는 전화기를 바라보면, 부모님의 목소리가 들려오는 듯하다. 한때 이 전화기는 가족 간의 소통을 책임지며 보람과 사명감을 다했던 존재였다. 그러나 지금은 먼지가 쌓이고, 더는 큰 의미를 가지지 않게 된 지 오래다.

전화기를 바라보며 생각한다.

"그럼에도 네가 있어 참 다행이다."

그러나 전화기는 어쩌면 이렇게 말하고 있을지도 모른다.

"이제 나도 모든 걸 내려놓을 때가 됐어. 추억 속에서만 머물 수는 없지 않겠니?"

한때 모두의 중심이었던 전화기는 이제 시대의 변화 속에서 조용히 자리를 내어주고 있다. 그 모습은 어쩌면 나의 평범한 일상과도 닮았다. 변화에 순응하며 묵묵히 살아온 나의 모습처럼 말이다.

잊히지 않는 기억

 소한의 추위가 몰아칠 때면 전쟁 때에 겪었던 기억들이 떠오른다. 그 기억은 동족상잔의 비극이었던 전쟁 시기의 이야기다. 대부분이 슬프고 안타까운 일들로 채워져 있으며, 기쁨을 주는 기억은 거의 없다. 열 살 전후의 일들이지만 전쟁이라는 엄청난 비극이라서인지 잊혀지지 않고 생생하게 기억 속에 꿈틀댄다.

 어린 시절, 나는 여름과 겨울 두 번의 피란을 경험했다. 겨울의 피란 때인 1951년 1월 초, 우리 국군과 유엔군은 중공군의 인해전술에 밀려 서울까지 내주는 절체절명의 상황에 이르렀다. 1·4후퇴로 서울 시민들이 대거 남쪽으로 내려가던 때, 우리 마을에도 전쟁의 공포가 찾아왔다. 소한의 매서운 눈보라 속, 피란민들이 신작로를 따라 긴 행렬을 이루었다. 중공군이 여자들을 겁탈한다거나 젊은이들을 끌고 간다는 등의 소문이 불안을 부추겼다. 우리 가족도 남쪽으로 향하는 도보 피란에 나섰다. 아버지는 무거운 짐을 지고, 나는 미숫가루 자루를 멜빵 해 걸쳐 메고, 어머니는 돌도 채 지나지 않은 동생을 업고 걷는 길이었다.

다행히 국군과 유엔군의 반격으로 더 이상 남쪽으로 밀리지 않았고, 고된 열흘 남짓의 피란 생활은 끝이 났다. 칼바람이 매섭던 그 겨울의 추위는 이후로 단 한 번도 그렇게 매섭게 느껴지지 않았다.

피란에서 돌아온 마을은 전쟁의 흔적 속에서도 평온을 되찾아 가고 있었다. 읍내 다리 아래에는 유엔군의 깃발이 펄럭이고, 국방색 야전 텐트들이 펼쳐져 있었다. 십자가 표식이 선명한 병원차와 분주히 움직이는 외국 군인들의 모습은 전쟁의 현실을 실감하게 했다. 엄동설한 속에서 우리나라를 돕기 위해 목숨을 걸고 온 그들의 헌신은 어머니의 말씀처럼 감사하고 고마운 일이었다.

하지만 전쟁은 모든 이에게 아픔을 남겼다. 우리 집안 동생인 영춘이는 어머니 등에 업혀 피란에서 돌아오는 길이었다. 어느 날, 동네 앞 다리를 건너던 중 소리 없이 날아온 총탄에 어머니는 쓰러지고, 어린 영춘이는 누군가에 의해 데려가졌다. 남은 가족과 마을 사람들은 충격에 빠졌지만, 전쟁 중이라는 이유로 그저 운명으로 받아들였다.

3월, 서울을 재탈환한 연합군은 삼팔선을 넘나들며 전투를 이어갔고, 민심은 여전히 뒤숭숭했다. 그래도 봄이 오면서 생명이 깨어나고, 사람들은 다시 일상으로 돌아가 농사일에 매진했다. 나 역시 학교 갈 준비에 들떴고, 강남으로 떠났던 제비도 어김없이 돌아와 새 둥지를 틀었다.

그러던 중, 영춘이가 살아있다는 소식이 면사무소를 통해 전해졌다. 추석을 며칠 앞두고 면서기가 영춘이를 데리고 마을에 도착했을 때, 온 동네가 환호했다. 하지만 살아 돌아온 기쁨도 잠시, 왼팔이 없는 아이를 본 사람들은 말문이 막혔다. 영춘이는 유엔군 야전병원에서 극진한 치료를 받으며 지냈다고 했다. 말이 통하지 않는 군의관과 간호장교들이 그를 정성껏 돌봤고, 그곳에서의 기억을 바탕으로 집으로 돌아올 수 있었다.

유탄에 어머니를 잃고, 왼쪽 팔을 잃은 영춘이는 평생 전쟁의 상처를 안고 살았다. 성장 과정에서 많은 고통과 좌절을 겪었지만, 가족과 이웃의 이해와 보살핌 속에서 장애를 극복했다. 이후 교사가 되어 후진을 양성하며 정년을 맞이했고, 고향에서 여생을 보내다 몇 해 전에 어머니 곁으로 떠났다.

이 모든 기억은 70여 년이 지난 지금도 생생하다. 전쟁이 남긴 고통과 희생은 내 유년 시절의 일부였다. 하지만 이러한 아픔을 극복하며 오늘날의 번영을 이뤄낸 우리 세대는, 그 노력과 희생에 대한 자부심과 감사함을 느낀다. 짠한 마음과 함께 오늘의 평화로움에 감사하며 미소 짓는 이유도 여기에 있다.

정겨운 고향

메마른 하늘에 흰 구름 한 조각이 유유히 흐른다. 장마가 끝나고 중복을 지나면서 더위가 맹위를 떨친다. 실내에서 냉방기를 돌리면 시원함은 있지만, 이내 머리가 무거워지고 두통이 느껴져 껐다 켜기를 반복한다. 후끈한 지열이 몸을 달구어 걷기도 쉽지 않다. 그늘을 찾아 들어가도 땀이 흐르는 건 여전하다.

부채 하나도 귀했던 1950년대 여름방학이 되면 과제물을 들고 동네를 가로지르는 도랑으로 달려가곤 했다. 나무 그늘을 찾아 발을 담그고 잡다한 생각에 잠기던 모습이 떠오른다. 말매미와 쓰름매미의 합창이 온 골짜기에 울려 퍼지고, 우듬지에서는 이름도 생소한 새가 날아다녔다. 도랑 바위 틈새를 드나드는 다람쥐는 긴장한 모습이 역력했다. 도랑물에 발을 담그면 가재가 기어나와 발가락을 간지럽히고, 앙증맞은 청개구리가 깡충 뛰어 풀잎 위에 앉아 눈을 맞추자 하기도 했다. 도랑을 스치는 시원한 바람에 흐르던 땀이 잦아들면 책을 펴곤 했다.

　물소리만 쫠쫠 흐르는 자장가 속에서 눈꺼풀이 무거워져 졸다가, 섬뜩한 예감에 눈을 번쩍 뜨면 물뱀이 스르르 바위 틈새로 사라졌다. 놀란 마음에 잠이 번쩍 달아나고 등에서는 식은땀이 줄줄 흘렀다. 서둘러 과제물을 챙기고 돌아서면 이글거리던 태양은 서산으로 기울어 가고 있었다. 더위는 한풀 누그러지고 마파람이 이마의 땀을 훔쳤다. 그러면 개울 풀숲에 매어둔 소에게 꼴을 먹이러 달려가곤 했다.

　논밭에서 땅과 씨름하던 어른들이 하나둘 소 꼴을 베어 지게에 채우고 개울가에 모여들었다. 땀으로 범벅이 된 몸을 씻고 집으로 향하면 소를 앞세우고 뒤따랐다. 하루해는 서산에 걸치고 붉은 노을이 무심히 번져갔다. 더위는 한풀 꺾이고, 흩어졌던 가족들이 모이면 반갑지 않은 모기들이 윙윙거렸다. 모깃불 냄새를 맡으며 한여름 밤도 익어갔다.

　짧은 여름밤이지만, 저녁 식사 후에는 마당에 멍석을 펴고 둘러앉아 이런저런 대화가 이어졌다. 하늘에 속삭이는 별을 보며 별자리를 찾고 소리를 지르며 즐거워했다. 어머니가 뒤곁에서 딴 옥수수를 쪄서 한 바구니 내오면 오순도순 먹으며 웃음이 넘쳤다. 그것이 평화였고, 사는 맛이었다. 마당 한쪽에 매어둔 소도 모기를 쫓는지 꼬리를 휘휘 저으며 입맛을 다시는 듯 되새김질에 열중이었다. 멍멍이도 신바람이 나는지 이리저리 뛰며 분위기에 한몫했다.

밤의 열기는 낮보다는 덜하지만 후덥지근함은 여전했다. 모기까지 설치니 한여름 밤의 전쟁이 따로 없었다. 담뱃대를 툭툭 터시던 할아버지가 한 말씀 하셨다. "더위 타령하지 마라. 무더워야 벼가 쑥쑥 자라고 밭작물이 제대로 익는다. 덥다고 호들갑 떨지 말고 감사해야 한다. 알곡이 익어가고 풍성한 수확을 얻을 수 있는 건 삼복더위가 있어서다." 가만히 듣고만 있던 아이들은 더위 타령을 멈추고, 고단한지 이내 잠에 빠져들었다. 남실바람이 불어주면 모기는 얼씬도 못 했고, 멍석 위에서 단잠에 빠져들었다. 사위는 조용했고, 하늘에서는 별똥별이 우박처럼 쏟아졌다. 너무도 신기하면서도 머리 위로 떨어질 것만 같은 별똥별에 겁이 나기도 했다.

웅크리고 잠을 청하시던 아버지는 이내 일어나며 방으로 가 자라며 모두를 깨우셨다. 밤이슬에 감기라도 들거나 축축한 기온에 몸이 무거워질까 염려하시며 모두가 방으로 들어가 잠자리에 들었다. 호롱불 아래 책이라도 읽으려 하면 모기와 날파리의 방해에 이내 포기하곤 했다. 삼복더위 속에서도 가족의 우애와 배려로 여름밤을 함께 이겨내던 기억이 새삼 떠오른다.

지금은 조금만 더워도 냉방기와 선풍기가 있어 땀 흘릴 새가 없다. 시원한 음료수와 과일이 언제든 가까이 있으니 물질적 환경은 천국이지만, 가족 간의 유대와 정은 그리운 기억으로만 남는다. 직장을 따라 흩어져 살아 만남도 예전 같지 않다. 만나더라도 각자 핸드폰에 빠져 있거나 컴퓨터 앞에 앉아 홀로 시간을 보낸다. 외로워 보이는 모습들이 안쓰럽기 그지없다. 무더운 여름날, 정 나누던 시절의 오순도순 대화가 그립다. 마음이 고향을 넘나들며 삼복더위도 잊은 듯 시원함이 찾아든다. 정겹던 고향이 그립다.

속 좁은 영감

결혼 생활이 후회인지, 만족인지. 생각하는 것 자체가 우습다. 상대가 곁에서 흘겨보고 있는데, 대체 어떤 강심장으로 혹평할 수 있겠는가.

가끔은 결혼하지 않았더라면 더 자유롭고 행복했을까 생각하다가도, 결혼이라도 했기에 이 정도의 삶을 꾸리며 여기까지 온 게 아닌가 싶다. 서로 허물이 드러나고 티만 보이는 사이인데도, 뜬금없이 어울리는 부부 같다는 소리를 듣는 건 여전히 이상하다.

결혼 전, 나는 처가에 내 상황과 처지를 신중히 살펴 결정해 달라고 전했다. 처가에서는 찬반이 팽팽했다고 한다. 결국 장인의 결단으로 결혼이 성사되었고, 나는 결혼이라는 틀에 묶여 앞만 보고 달려야 하는 처지가 되었다. 아내는 졸지에 가난한 집 장남인, 가진 것 없는 남자를 만나 눈물도 많이 흘렸다.

피차 마음 한구석에 못마땅한 부분이 있지만, 체면 때문에 서로를 속이며 살아온 듯하다. 우리는 출발부터 엉킨 실타래를 쥔 채로 살아온 것이다. 나는 장남이라는 콤플렉스에서 벗어나지 못했다. 동생들을 책임지고 부모님을 부양해야 한다는 생각에 갇혀 있었으니, 이를 곁에서 지켜보는 아내는 얼마나 힘들었을까. 결혼 전부터 각오했다 해도, 현실의 냉혹함에 당황했던 아내의 모습이 떠오른다.

아내는 결혼 초, 어깃장도 놓아 보았지만 내가 변하지 않는다는 걸 알게 된 후로는 가족 문제에 적극 나섰다. 몸으로 돕는 것은 물론, 돈이 필요할 때는 조달해서라도 해결했다. 내가 미처 생각하지 못한 일까지 앞장섰으니, 함께 살아가기 위해 선택한 반전이었을 것이다.

부부란 이상적으로 꼭 맞는 사이는 아닐 것이다. 조금씩 이해하고 양보하며 살아야 한다는 생각이 점점 다가왔다. 아내가 가끔 내게 "냉혈 남자"라고 할 때 겉으로는 불편했지만, 속으로는 수긍하며 위로해 주고 싶은 마음이 들었다.

아내는 자존심이 강했다. 팍팍한 월급에도 돈에 대해 불평하거나 걱정하는 모습을 보인 적이 없었다. 어차피 달라질 일이 없다는 걸 알기 때문일지도 모른다. 하지만 나로서는 반갑지 않았다. 부부라면 살림 설계도 상의하고 함께 걱정해야 하는 게 아닌가. 넉넉한 환경에서 자란 아내를 탓하면서도, 사실 더 좁쌀 같았던 건 나 자신이었다.

결혼이란 서로를 묶어놓는 굴레처럼 느껴질 때도 많았다. 하지만 시간이 흐를수록 그 굴레는 속박이 아니라, 서로를 지탱해 주는 다리가 되어 주었다. 거친 세상 속에서 의지할 수 있는 상대가 있다는 것만으로도 얼마나 큰 복인지를 이제야 깨닫게 되었다. 한평생 함께하며 아내와 만들어낸 이 '우리'라는 울타리는, 결혼 전 상상도 못 했던 소중한 자산이다.

어쩌면 우리가 함께한 긴 세월은 서로를 닮아가게 만든 과정이었다. 그 닮아감은 단순히 습관이나 말투가 비슷해지는 것만이 아니다. 서로의 부족한 부분을 채우고 이해하려 애쓰며 만들어진, 진정한 동반자의 모습이다. 과거엔 몰랐던 결혼의 본질을 이제야 조금은 알 것 같다.

그렇게 어영부영 반세기를 지나왔다. 이제는 함께하는 시간이 더 많다. 미워하면서도 닮아간다는 말처럼, 긴 세월을 함께하며 우리는 서로에게 무뎌졌다. 기대할 것도, 실망할 것도 없이, 남은 삶은 그저 편안하고 즐겁기만 바란다. 물에 물 탄 듯 밍밍한 가운데도 눈 맞추며 살아가는 모습이 대견하 다.

아내의 젊고 팔팔했던 모습은 사라지고 주름만 남은 모습을 보며 짠한 마음을 느낀다. 그래도 속내를 드러내지 않으려는 내가 참 속 좁은 영감은 아닌가 싶다.

2

자족하는 노년을

처신

아파트단지 수영장에서 졸수卒壽가 넘는다는 할머니를 만났다. 나보다 훨씬 연배라 "할머니"라고 부르긴 했지만, 사실 다른 적당한 호칭이 떠오르지 않아서였다. 아내 말로는 수영부터 시작해 하루의 일과를 시간대로 짜서 활동하는 노익장이라고 했다. 수영이나 사우나도 일정한 시간에 오기 때문에 그 시간대에 가는 아내는 구수한 이야기에 흠뻑 빠진다고 했다. 산전수전 다 겪으며 쌓아온 이야기라 그런지, 입담도 좋아 사람을 끌어당기는 힘이 남다르다며 아내는 부러워했다.

첫인상은 논밭에서 호미를 잡고 일하는 촌 노인의 모습 그대로였다. 고향 등지고 아들 집으로 오면서 물놀이를 시작했는데 한 세대 가까이 된다며 빠진 날이 별로 없다고 했다. 그렇다고 외모가 준수하거나 근육질은 아니었다. 키도 작고, 걸음걸이는 영락없는 논밭 두렁을 오르내리는 노인처럼 보였다. 누가 봐도 흔히 볼 수 있는 할머니였다. 만약 아내가 이 이야기를 들었다면 겉모습만 보고 판단하려는 나를 질책했을 것이다.

  그럼에도 그분은 속이 깊고, 삶의 지혜가 담긴 행동을 보여주셨다. 아들 며느리에게 부담을 주지 않으려 시간 철저히 관리하고, 몸을 돌보는 모습은 젊은 세대조차 본받아야 할 정도였다. 어렵게 농사를 지어 자식을 가르쳤고, 그 아들은 이제 공장을 몇 개나 가진 부자가 되었지만, 할머니는 여전히 검소했다. 아들이 주는 적지 않은 용돈은 신문에 나온 어려운 환자 치료비로 보낸다고 했다. "흔녀"가 아니라 "훈녀" 할머니라며 나를 쳐다보는 아내의 표정이 썩 내키지 않은 눈치였다.

  TV에 등장하는 배우의 외모나 걸친 옷이 부러울 때가 있다. 나도 저래 봤으면 하는 마음은 이 나이가 되어도 여전하다. 하나같이 마음씨도 곱고 착할 듯해 보인다. 배려성도 뛰어나 보이고 봉사에도 앞장설 것같이 느껴진다. 과연 그럴까. 우리는 외모로 사람을 재단하려는 경향이 있다. 그래서인지 나도 한때는 백화점 매장을 들락거리며 겉치레라도 훈남의 흉내를 내보려고 했다.

  지천명을 지나며 부질없는 짓임을 어렴풋이 느끼게 되었다. 일 년간 미국 동부의 한 대학에 있으며 경험한 내용에 미국대학 교수들의 복장이 제멋대로, 제 편리대로였다. 남을 의식하는 게 아니라 내가 좋으면 되는 것이다. 노타이가 대세이며 간편함, 그대로였다. 오직 실력으로 나를 입증한다는 당당함이 넘쳐나 보였다. 나도 그래 보자고 마음을 단단히 했다. 그러나 다시 강의실 드나들며 서서히 허물어졌다. 우선 겉모습부터 보고 판단하는 껄끄러운 말을 듣고는 정장으로 바꾸었다. 벌써 한 세대 전의 일이 되고 있으니, 개성이 강한 요즈음 세대는 이해하기가 쉽지 않으리라.

　환경이 마음을 바꾸고 소신을 흔든다. 물론 내면의 부족함이 근본일 것이다. 훈남 되기도 어려운 세상이다. 비슷해지지 않으면 어디에서 야유가 들어오거나 무시당할는지 모른다.

　아내는 말한다. 훈남이 따로 있는 것이 아니라고. 밥그릇 하나라도 개수대에 옮기고 청소기라도 돌리려는 모습이 배려하는 것이라며 그런 남자가 훈남이라나. 가족으로부터 훈남 소리를 들어야 밖에서도 같은 소리를 듣는다는 말에 동감하면서도 뭔가 허전한 마음이 다가왔다.

자족하는 노년을

"안노인은 아침 운동하는 사람들의 모범입니다." 내가 건넨 말에 안노인은 환하게 웃었다. 망백望百을 넘긴 안노인은 새벽 헬스장 문이 열리자마자 나타난다. 하루도 거르지 않는다. 같은 시간에 운동하는 나조차 빠지는 날이 잦은데, 그의 꾸준함은 놀라울 따름이다. 헬스장을 드나든 지 벌써 30년이라니! 몸놀림이 예전 같지는 않겠지만, 그의 유연함은 나이를 잊게 한다. 농사로 단련된 그의 몸은 여전히 건재하다. 주름진 얼굴에 함박웃음을 띤 채 그는 자신이 건강을 유지할 수 있는 비결을 들려준다.

운동을 함께하며 나눈 그의 이야기는 깊은 여운을 남겼다. "이 나이에 뭐 얼마나 더 산다고…."라며 웃어 보였지만, 자식과 며느리에게 미안한 마음을 숨기지 못했다. 자식들은 그가 다치기라도 할까 봐 걱정한다며, 그의 운동을 탐탁지 않아 한다. 그래서 요즘은 눈치를 살피며 조용히 집을 나선다고 했다.

안노인은 60대까지 남편과 함께 고향에서 농사를 지었다. 하지만 남편이 세상을 떠나고, 자식들의 성화에 못 이겨 농사를 접었다. 당시 팔다리 성한 곳이 없을 정도로 병원을 들락거렸다고 했다. 그때 결심했다. 농사일하던 뚝심으로 운동을 시작하자고. 그 결과, 그는 우울함을 떨치고 웃음으로 가득한 노년을 맞이할 수 있었다. "아마 천국에 있는 남편이 내 몫까지 건강히 살라며 돌봐주는 것 같아요." 그는 그렇게 말하며 슬며시 미소 지었다.

하지만 그는 때때로 너무 오래 사는 것이 자식에게 부담이 되는 건 아닌지 하는 생각이 들 때가 있다고 한다. 칠십 대에 접어든 아들과 며느리가 잘 챙겨주지만, 함께 늙어가는 그들에게 죄송한 마음이 든다고 했다. 그래서 그는 눕지 않으려 애쓴단다. 자신을 단련하며 마음을 다잡는 그의 결심에 나는 감탄하지 않을 수 없었다.

안노인을 보며 나 자신을 돌아본다. 꾸준히 운동한다면, 나 역시 그의 나이가 되었을 때 건강의 문턱을 잘 넘길 수 있지 않을까?

몇십 년을 알고 지낸 지인은 부인을 떠나보낸 지 2년이 되었다. 그는 산수를 넘긴 나이에 병원을 드나들며 건강을 챙기지만, 자식들이 모시겠다는 제안도 마다하고 혼자 살기를 고집한다. "혼자 사는 게 편해요. 자식들 문턱은 낮지 않아요. 겪어보면 압니다." 그가 이렇게 말하며 웃는 모습에는 담담함이 배어 있었다. 외로움을 극복하려고 그는 놓았던 붓을 다시 잡았고, 하루에 만 보 걷기를 실천하며 삶의 활력을 찾으려 한다. 그의 밝은 표정은 스스로를 다잡고 있다는 증거였다.

남의 일 같지 않았다. 나 역시 아직은 내자와 함께 살아가지만, 해로동혈偕老同穴이란 천복이 아니고서야 쉽지 않을 것이다. 다가오는 영원의 문턱까지 건강히 지낼 수 있기를 바랄 뿐이다.

지금까지 큰 병 없이 살아온 것만으로도 감사하다. 하루하루가 기적 같은 시간이다. 이미 평균수명을 넘어선 나이에 더 바랄 것이 무엇이랴. 그렇지만 가끔은 마음이 소심해지고 좁아질 때가 있다. 나이 들수록 주위의 문턱은 높아지고, 열정은 잦아드는 현실이 두려울 때가 있다. 가장 가깝다는 내자마저도 나서려는 나를 말린다. "좀 더 진중하게 행동해야 나이 든 사람의 몫"이라며 타이른다.

하지만 나는 그것이 고맙다. 나를 걱정해 주고 잡아주는 그 마음이 든든하다. 지나간 날의 아쉬움은 이제 추억 속에 묻어두려 한다. 내 나이가 안 노인에 비하면 한참 못 미치지만, 산수傘壽를 넘어가고 있지 않은가.

게으름을 피우지 않고 몸을 단련하며, 마음의 힐링이 되는 "읽고 쓰기"를 소홀히 하지 않으리라 다짐한다. 플라톤은 말했다. "인간 최대의 승리는 내가 나를 이기는 것이다." 나 또한 머지않은 영원의 문턱을 떠올리며 자족하는 노년의 아름다움을 그려본다.

잊어버리기

"잊어버리는 것도 병이다"라는 말이 떠오를 만큼 기억력이 자꾸 흐려지는 요즘이다. 차가 지하 몇 층에 있는지 물어도 선뜻 대답이 나오지 않는다. 아내와 함께 외출할 때 주로 핸들을 잡지만, 때로는 스스로가 답답하게 느껴질 때가 있다. 이런 일을 지켜보는 아내로서 어찌 마음이 편하랴.

겨우 차를 찾아도 문제는 이어진다. 자동차 키가 주머니에 있는 줄 알고 자동차 문을 당겨 보지만 꿈쩍도 하지 않는다. 다시 헛걸음질해야 하니 차 앞에서 기다리는 아내가 더 황당해한다. 이제는 실수로 생각하지 않고 무겁게 받아들이는 눈치다.

숫자에 대한 건망증은 나 자신뿐 아니라 타인에게도 불편을 끼칠 때가 있다. 비밀번호를 잊어버려 은행원에게 불필요한 수고를 부탁해야 했던 경험이 한두 번이 아니다. 다른 사람들은 집에 앉아서도 돈 빼고 보내고 잘도 한다. 나는 기계치인지 아니면 숫자 개념이 부족한 탓인지 잊어버리기를 잘해 아예 해 보려고 하지 않는다. 전화번호는 메모지나 단축키에 의존하고, 아이들 생일이나 축일을 챙기는 건 아내의 몫으로 여긴 지 오래되었다.

한창 팔팔하던 시절의 긴장감은 온데간데없고, 스스로 점점 해이해지는 마음을 발견할 때면 섬뜩해지기도 한다. 나는 일상의 자질구레한 일이라고 신경을 쓰기보다는 그저 해온 습관에 젖어 그러려니 하면서 편하게 생각한다. 아내는 느긋하게 생각하는 게 문제라며 긴장의 끈을 조이라고 한다. 혹시나 했더니 역시나가 되는 건 아닌가 해 걱정이 되나 보다. 나이로 봐서도 그렇고, 주위 분들이 치매로 몇 년은 힘드신 세월을 보낸 기억 때문일 것이다. 나이 탓이라며 가볍게 넘길 일이 아닌 것 같다, 당하는 나도 때로는 짜증이 나기 때문이다.

가족들이야 이해한다 해도 다른 사람이 어찌 이해하겠나. 약속 시각이나 날짜를 잊어먹어 낭패를 본 일이 어디 한두 번이던가.

한번은 시카고 공항에서 디트로이트 공항으로 이동해 서울로 갈 직항 비행기 표를 샀다. 두 도시 간의 시차가 한 시간이라는 사실을 잊어 낭패를 봤다. 퍼듀대학교에 있는 사위가 시차가 한 시간이라는 사실을 몇 번 이야기한 것을 감쪽같이 잊었다. 디트로이트 공항에 도착하고 보니 이미 비행기는 출발하고 없었다. 사정사정해 두 시간을 기다린 후 일본 나리타공항으로 가는 비행기를 탈 수 있었다. 나리타공항에서 다른 비행기를 이용 인천공항으로 귀국했다. 초등학생인 손녀까지 함께했기에 당시의 일은 더욱 기억에 남는다.

기억해야 할 것은 금세 잊어 곤란을 겪으면서도, 정작 잊어야 할 것들은 여전히 마음속에 단단히 붙들고 있다. 지나간 일에 집착해 남을 미워하고 시기했던 것들은 과감히 잊어버려야 하는데도 말똥말똥 기억하고 있다. 또한, 과거의 실수나 후회스러운 일, 나의 허물, 실패 등은 잊어버려도 아쉬울 게 없지만, 생생하게 다가오니 이 무슨 조화인가. 욕심, 교만, 아집, 허영, 편견, 시기심, 거짓 같은 것들은 잊고 버려야 할 것들인데, 여전히 떨쳐내지 못하고 있는 모습을 보면 결국은 내 안의 탐욕이 문제인 듯하다.

대뇌에는 수백억 개의 뇌세포가 있다고 한다. 범인凡人은 10% 미만, 천재는 15% 정도 쓰고 간다고 한다. 나이를 먹어감에 따라 많은 뇌세포가 파괴된다. 파괴되는 수를 줄이거나 늦출 방법은 마음을 비우는 일이라고 한다. 욕심을 내려놓으라는 것이다.

기억력이 감퇴하는 것은 늙음이라는 자연현상의 일부다. 이를 담담히 받아들이고, 자연에 순응하며 열린 마음으로 감사하며 살아가야 한다는 것을 깨닫는다. 사랑하는 가족이 보살펴 주니 당연시하기보다는 고마움에 감사하며 겸허해야 한다. 종심從心이 넘으면 정서는 더욱 순화되어 맑고 영롱한 어린이 마음이 된다고 책에서 읽은 기억이 난다. 나도 그랬으면 하는 생각을 떨칠 수가 없다. 건망증에 대한 조바심과 강박관념에서 벗어나, 의연하고 여유로운 마음가짐을 가지는 것이 지금의 나에게 가장 필요한 자세임을 절실히 느낀다.

여름 산

　창 너머로 보이는 산이 점점 푸르름을 더해간다. 생명의 약동이 넘쳐난다. 새소리, 벌레 소리, 계곡을 흐르는 물소리가 들리는 듯한 착각마저 든다. 산은 그 자체로 살아있는 존재처럼 느껴진다. 하지만 나는 오랫동안 산을 바라보기만 했지, 오르지 못했다. 과거의 아픈 기억 때문이다. 한 번 산을 오른 뒤 겪었던 고통스러운 족저근막염이 나를 주저하게 했다. 그럼에도 불구하고 날이 갈수록 푸르름을 더해 가는 산을 보며, 마음 한구석에서 미련이 꿈틀댄다.

　그리운 기억이 떠오른다. 중학생이던 어느 초여름, 주말 오후였다. 마루에 걸터앉아 북서쪽에 우뚝 버티고 있는 '설우산(눈비산)' 정상에 눈을 맞추었다. 해발 546m 높이의 산이 고깔 모양이어서 친근감도 들지만 두려운 산이었다. 주위의 낮은 산을 굽어보며 우뚝 솟은 모습은 당당했다.

여름이면 비바람이 제일 먼저 몰려오는 곳이며 하늘을 가르는 요란한 천둥소리와 번쩍이는 불벼락도 설우산에 떨어졌다. 겨울의 눈보라도 예외는 아니었다. 산에 걸쳐있는 구름에서 뿌옇게 비나 눈이 내리는 듯하면 이내 우리 마을까지 들이닥치곤 했다. 특히 농사철 가뭄이 들면 어른들은 설우산을 바라보며 비를 몰고 와 주기를 빌었다. 겨울에도 많은 눈을 기대하며 보리 풍년을 바랐다. 그래서 고마운 '눈비산'이라 불렀다.

내가 다닌 초등학교가 그 산 끝자락에 있었지만, 한 번도 오르지 않았다. 중학생이 되면서 고개를 오르내리며 학교 다녔다. 산을 오르겠다는 자신감도 있었다. 설우산의 뾰족한 산 정상을 오르고 싶은 마음이 다가왔다. 마루에 걸터앉아 울적함을 달래거나 기분 좋을 때도 설우산을 바라보면 다 안다는 듯 도닥여주었다. 학교만 오가는 단조로운 세상이 답답했다. 산 정상에서 바라보는 세상은 얼마나 넓을까. 설우산 넘어 멀리에는 서울이 있고 큰집 고모가 살고 있다는 마을도 그쪽에 있었다. 더욱 오르고 싶은 충동이 일었다.

혼자 오르기는 겁이 났다. 함께할 친구를 찾았다. 마침 중학생 친구가 옆 동네에 있었다. 설우산에 올라 보자고 하니 신나는 등산이라며 나보다 더 기뻐했다. 어디로 튈지 모르던 사춘기 시절, 돈을 마련해 서울로 탈출하고 싶다며 나에게 바람을 넣었던 친구였다.

남벌濫伐이 심하던 시대여서 산 중턱까지는 큰 나무가 별로 없었다. 관목이나 풀이 우거져 작대기로 헤쳐가며 올랐다. 철쭉을 비롯해 이름 모르는 풀꽃이 벌과 나비를 부르고 새들도 자연의 향연에 함께했다. 온갖 생명을 품어주는 산이 어머니의 젖가슴같이 푸근하게 다가왔다. 계곡의 물소리가 시원함을 부르고 산자락을 스쳐 온 바람이 몰고 온 상쾌한 자연의 향기가 우리의 마음을 차분하게 해주었다.

마루에 앉아 바라보던 산이 아니었다. 언덕을 지나면 또 다른 언덕과 계곡이 기다리고 있었다. 정상은 보이지도 않는데 마음이 앞서 달렸다. 물에 빠진 생쥐가 따로 없었다. 숲길을 휘저으며 몇 시간 만에 설우산 능선에 닿았다. 그래도 팔 부 능선까지는 사람 다닌 흔적이 있어 오르기가 나은 편이었다. 정상 가까이는 우리가 길을 내는 개척자였다. 친구가 가져온 낫이 길을 터주는 요긴한 도구일 줄이야….

정상에서 바라보는 확 트인 세상, 시원한 바람이 흠뻑 젖은 땀을 훔치고 푸른 하늘은 손에 잡힐 듯 다가왔다. 가슴이 뻥 뚫리는 쾌감에 '와!' 소리가 저절로 튀어나왔다. 집과 학교만 오가던 좁은 세상에서 끝없이 펼쳐지는 푸른 세계를 보는 것은 행운이었다. 높고 낮은 산 사이로 냇물 따라 들판이 펼쳐지고 집들의 모습이 한 폭의 풍경화였다. 멀리 신작로에는 희뿌연 먼지를 일으키며 차가 오가는 정경에 환호성이 터졌다. 북쪽으로 보이는 강을 따라 철길이 보이고, 검은 연기를 뿜으며 길게 지나가는 것은 그림으로만 보던 기차였다. 기차는 뱀이 기어가듯 하더니 이내 산속으로 사라졌다. 낮은 산 중턱에 옹기종기 펼쳐진 우리 마을도 눈에 들어왔다. 친구와 멍하니 바라보며 별별 생각에 빠졌다.

　친구는 무엇엔가 홀린 것 같다며 때가 지났는데도 힘겹게 메고 온 밥 먹을 생각을 안 했다. 푸르른 높고 낮은 산들이 곡선을 이루며 그림같이 펼쳐진 광경에 넋을 뺏겼다. 아쉬움이 있어야 기억에 오래 간직함이런가. 해냈다는 뿌듯함을 안고 길어진 그림자를 뒤로 한 채 산에서 내려왔던 추억이 생생하게 다가왔다.

　그날 산을 오르며 느꼈던 자유와 감격은 지금도 내 마음속에 생생하다. 산은 그저 자연의 일부가 아니라, 나에게 삶의 경이로움과 도전을 알려준 존재였다. 그 기억이 지금도 창 너머 산을 바라보며 나를 설레게 한다. 푸르른 산이 다시 나를 부른다. 생명의 약동과 함께 나도 삶의 에너지를 얻는다.

　그래, 다시 한번 산을 오를 때가 되었다. 이번에는 가까운 동네의 작은 학산이라도 오르자. 친구에게 문자 메시지를 보낸다. "같이 올라가자." 그가 나를 물귀신 작전이라며 핀잔을 줄 것을 알면서도, 산이 주는 그 설렘과 자유를 다시 느끼고 싶다.

　삶은 결국 그런 것이 아닐까? 두려움 속에서도 한 걸음 내디딜 때 비로소 더 넓고 푸른 세상을 만나는 것. 산이 내게 그랬던 것처럼 말이다.

기죽지 말고

거울 앞에서 머리를 매만지는 아내의 손놀림이 분주하다. 나는 옆에서 기다리며 인내심이 바닥날 지경이지만, 다행히 자제력이 나를 붙들어 무사히 기다린다. 머리숱이 줄어들며 드러나는 흰 살은 자연스러운 현상인데, 가발을 쓰는 아내를 보며 복잡한 마음이 든다.

몸이 이유 없이 나른하고 피곤할 때가 있다. 과로하지 않았고, 제때 영양소도 챙겨 먹는데도, 마치 힘이 모두 빠진 사람처럼 흐물흐물해지는 기분이다. 그럴 때면 마음마저 따라가기 어려울 때가 많다. 그런 날 누군가 어디 가자고 하면 나는 쉽게 심드렁해지곤 한다. 하지만 아내가 병원에 가는 날만큼은 함께하려 애쓰며 입술을 꼭 문다.

나이가 들수록 약봉지가 늘어나는 것 같다. 아내가 늘어놓은 여러 약봉지를 볼 때면 마음 한구석이 움찔한다. 단골 동네병원은 물론이고 종합병원까지 자주 드나드는 아내를 보며, 노화에 관심이 깊어진다. 평생 가정을 돌보고 내조에 헌신해온 아내는, 쥐꼬리만 한 월급을 아껴 쓰라는 말을 들으며 자존심이 상했을 것이다. 결국 삼십 대 초반에 학원 경영에 나서며 열정을 쏟았고, 이후 유치원 운영에도 온 힘을 다했다. 그러나 이제는 병원을 오가는 일이 잦아졌고, 그 현실을 아내는 서글퍼한다. 그런 아내를 보며 나 역시 마음이 편치 않다.

예전에는 대소 모임에도 적극적이던 아내가 이제는 외면할 때가 많다. 항상 나를 앞세우던 그녀가 이제는 조용히 물러선다. 나 역시 아내를 따라 주저하거나 포기하는 경우가 많다. 부부는 함께 살며 닮아간다는 말이 이럴 때 딱 맞는 것 같다.

오십 대 초반부터 아내는 내 머리를 염색해 주었다. "서리 맞은 모습이 보기 싫다"며 직접 해주던 그녀가 이제는 남의 손을 빌려야 한다고 말한다. 서운한 마음도 들지만, 이제는 아내의 일을 하나씩 덜어줘야 할 시점이 왔다.

얼굴의 주름, 검버섯, 그리고 사소한 상처들은 어느 날 갑자기 생긴 것이 아니다. 한때 주름을 숨기려 요란한 화장을 하던 아내가 이제는 그런 모습도 담담히 받아들인다. 그 속에는 치열하게 살아온 기록과 이루지 못한 꿈이 담겨 있다. 세월이 쌓아 올린 무게를 이제는 감내 하기 버거워 보이는 그녀를 보며 마음이 아리다.

훈장을 단 사람은 그가 이룬 공로를 몸소 보여준다. 아내의 몸

안팎에 드러난 변화들 역시 그녀가 살아온 시간의 흔적이며, 삶의 훈장이다. 겉으로 드러나는 것이 전부는 아니다. 그녀의 흔적 하나하나가 인생의 이력서다.

아내가 불편한 몸 상태를 이야기할 때면 나는 병원에 가보라고 권한다. 하지만 그녀는 "병원에서도 다 해결되지 않아요."라며 고개를 젓는다. 그러면 나는 애써 웃으며 "그건 세월이 주는 선물이자 훈장이니까 잘 간직하세요."라고 말하고 돌아선다.

오늘도 아내는 머리를 정돈하며 격월로 다니는 종합병원에 갈 준비를 한다. 의사는 "나이 들수록 몸의 노예가 되지 말고 밝게 꾸미세요. 그러면 몸도 마음도 가벼워집니다."라고 조언한다며 웃는다. 나는 그 말이 불편하게 들리지만, 아내는 의사의 말에 공감하며 자신을 가꾸는 데 힘을 쏟는다.

"아픈 만큼 성숙해진다."는 말을 종종 듣는다. 이제 나는 긍정적인 마음과 밝은 웃음으로 아내와 동행하며 모든 일이 평화롭기를 바란다. 비록 몸이 심통을 부려도, 아내가 기죽지 않기를 간절히 바란다.

낙엽처럼

곱게 물든 동네 산을 오릅니다. 한때 푸름을 자랑하며 기세등등 했던 나무들이 계절의 변화 앞에서는 속수무책입니다. 폭풍우에도 끄떡없던 잎사귀들은 이제 형형색색 단장한 채, 소슬바람을 타고 땅으로 내려앉고 있습니다. 자연의 순리에 따라 조용히 변신하는 모습은 경이롭기만 합니다.

나무는 땅에 뿌리를 내리고, 왕성한 기력으로 성장하며 꽃을 피우고 열매를 맺는 데 온 힘을 쏟았습니다. 그러나 이제는 열정을 접고, 다가오는 동장군에 대비하느라 분주합니다. 기운 없는 풀잎들은 낙엽을 이불 삼아 설한 북풍에 대비하려는 듯, 한 잎 두 잎 떨어지는 나뭇잎을 반깁니다. 그래서인지 낙엽은 외롭지 않아 보입니다. 마지막 축배를 들듯 미풍에 흔들리며 서걱이는 소리로 지난 날의 영화를 속삭이는 듯합니다. 잎사귀들은 광합성을 통해 나무를 키우고, 공기를 정화하며 산소를 발산해 인간을 즐겁게 했던 나무의 분신입니다. 그늘을 만들어 사람들을 모으고, 날짐승과 곤충들을 품으며 푸근함과 넉넉함을 선사하던 잎들. 그러나 계절이 바뀌면서 미련 없이 자리를 비워주며 생을 마감하는 모습은 마치 열렬한 박수 받으며 무대를 떠나는 배우 같습니다.

자연 속에서 함께 살아가는 생명체로서 낙엽의 일생을 떠올리며 나 자신을 돌아봅니다. 낙엽이 더욱 부러워지는 이유는 단 하나, 본체를 위해 묵묵히 헌신해 온 존재이기 때문입니다. 지난 계절의 미련을 떨치고, 떨켜 층을 달으며 고운 자태로 변신한 잎들. 마지막까지 자신의 역할을 다하며 스스로 몸을 내던지는 모습이 가슴에 깊이 와닿습니다.

사람과 낙엽의 소멸 과정이 본질적으로 무엇이 다르겠습니까. 모두 땅에 뿌리를 내리고 생명을 키우다 사라지는 것은 마찬가지입니다. 싱싱했던 잎의 마지막 모습이 낙엽이듯, 나 또한 변화의 끝자락에 서 있는 계절을 맞이하고 있습니다. 발걸음을 내디딜 때마다 사각사각 들리는 낙엽들의 소리가 쓸쓸함이 아닌 기쁨의 대화로 들리는 것은, 어쩌면 다행일지도 모릅니다.

'흙에서 왔으니, 흙으로 돌아가라.' 자연의 이 법칙에 충실한 생명체들은 한 점의 흔적도 없이 자신을 진토로 바꾸어 새 생명의 자양분이 될 것입니다. 깊어 가는 가을 산의 황홀함 또한 자연의 순리이며, 곧 지나갈 것입니다. 어김없이 다가올 혹독한 겨울을 맞이할 각오와 준비를 해야 할 때입니다.

낙엽은 한낱 보잘것없는 미물에 지나지 않지만, 그 울림은 산보다도 더 크게 다가옵니다. 지난 계절의 열정을 다 바치고, 때가 되자 고운 자태로 변화해 미련 없이 떠나는 모습이 아름답습니다. 나는 과연 나뭇잎처럼 모든 것을 떨칠 수 있을까요? 이제 변화의 절정에 이른 몸임에도 그것을 받아들이지 못하고 끌어안고 있으니, 답답하고 한심하기만 합니다. 왜 이리도 무거운 짐을 내려놓지 못하고 끌고 다니는 걸까요.

'나이 듦의 미학'이라는 말은 아직 나와는 거리가 먼 이야기인 듯합니다. 그러나 고목에도 새들이 앉듯, 나이 들수록 더 포용하고 관대해지고 싶습니다. 매사에 느긋하게 기다릴 수 있는 여유를 품고 싶습니다. 다가오는 고지 앞에서 초조해하기보다, 남은 힘을 다해 부끄럼 없는 시간을 보내고 싶습니다.

땅에 떨어져 혹한의 이불이 되고, 따스한 봄과 함께 새 생명의 자양분이 되는 낙엽이 부럽습니다. 한 계절 동안 바람에 춤추고, 햇빛에 엽록소를 만들어 본체에 영양을 보태며 날짐승과 곤충을 품어주던 낙엽들. 그 모든 것을 다 내어주며 지나온 시간입니다.

'어떻게 사는 것이 현명한 삶일까.' 답은 알 수 없지만, 자연의 순리를 따르며 자만하지 않고, 남은 여정에 최선을 다하고 싶습니다. 내 삶이 누군가에게 자양분이 되었으면 좋겠습니다. 낙엽 지는 산길을 걸으며 변화의 끝자락에서 나를 돌아보는 시간, 하찮은 낙엽도 오늘만큼은 숭고해 보입니다. 그래서 낙엽이라도 닮고 싶다는 생각이 드는 것 같습니다.

길은 삶이다 (1)

　책보 허리에 차고 호기심 안고 다니던 길이었다. 산모롱이 길섶에는 함초롬히 이슬 머금은 꽃들이 반겨주었다. 조잘거리며 흐르는 물소리 들으며 징검다리는 펄쩍펄쩍 뛰어 건넜다. 논밭 사잇길 지나 신작로에 들어섰다. '땡땡땡' 수업 예비 종소리가 바람 타고 들려왔다. 함께 가던 친구들과 갓길로 한 줄이 되어 너나없이 뛰었다. 담임 선생님은 땀 냄새 나는 우리를 반갑게 맞아주셨다.
　소년 시절, 집과 학교만을 오가는 세상이 전부였다. 십 리 길이었으니 짧지는 않았다. 우등상은 놓쳐도 개근상은 챙겼다. 부지런함은 인정받은 셈일 터. 물론 부모님의 채근과 독려가 있었기에 가능했다. 개근상이 우등상보다 더 좋다는 어머니의 말을 철석같이 믿으며 바지런을 떨었다.
　운동회에서 청백으로 나누어 달리기할 때 젖 먹던 힘까지 다하면서 공책과 연필을 상으로 받았다. 가족과 이웃 모두가 칭찬해주어 우쭐했다. 운동장 뒤덮을 듯 우람한 느티나무와 플라타너스도 한껏 청록색을 자랑하며 반겨주었다. 온 세상이 즐거움의 대상이었다. 운동장 트랙은 길이었다. 길을 열심히 달리면 끝이 있고 기쁨이 있음을 알았다.

철없는 시절이었지만, 새벽부터 논밭으로 달려가시는 부모님을 보면서 어찌 게으름을 피웠겠나. 싸리 빗자루 들고 마당을 쓸고, 소 풀 뜯기기도 거들어야 가정이 활기차게 돌아갔다. "화목한 가정이 별거 아니다. 각자가 이해하고 협력하면서 맡은 일에 충실함이다."라며 할아버지는 밥상머리에서 손주들에게 강조하셨다.

6·25전쟁이 터졌다. 학교도 문을 닫았다. 개울 건너 산모롱이를 도는 신작로에 뿌연 먼지가 가시질 않았다. 하루 몇 번 보이던 차가 갑자기 많아진 것이 신기했다. 우리나라 서울로만 배웠던 서울에서 전쟁을 피해 남쪽으로 달린다는 차들을 보며 길의 끝은 어딜까 하고 의구심을 품던 시절이 이제는 희미한 추억으로 다가온다.

동네 또래들과 자주 오르던 앞산 길은 숲길이었다. 이름 모르는 나무며 풀들이 반겨주고 곤충과 새들이 노래하는 정다운 길, 정상에 오르면 온 동네가 한눈에 들어왔다. 멀리 푸른 들이 잔잔한 호수를 보는 듯했다. 우리 집 바깥마당에는 할아버지가 얼쩡거리시고 안마당에서는 어머니가 들랑거리는 모습도 보였다. 개울 건너 논이나 밭에 아버지와 삼촌이 일하고 계실 테지만, 무럭무럭 자라나는 농작물에 묻혀 구분이 어려웠다.

우리가 목청껏 "야호"를 외치면 메아리가 되어 돌아오는 소리

들으며 호기심에 목이 쉬는 것도 모른 채 반복했다. 앞산에 부딪힌 소리가 보이지 않는 길 따라 되돌아온다는 것을 깨우치며 세상의 보는 눈을 넓혀 갔다.

산에서 내려오는 길섶에는 예쁜 꽃이 하늘거리며 미소 짓고, 나무 사이에서는 아름다운 새들의 소리가 귀를 쫑긋하게 했다. 다람쥐도 함께 숨바꼭질하자는 듯 나무를 타며 재주를 뽐냈다.

논밭 사잇길 걸으며 부모님의 피땀 어린 농작물이 자라고 열매 맺는 까닭을 알았다. 신작로는 오른쪽 갓길로 걷고, 자동차를 조심하며 무모한 장난은 하지 말라는 선생님의 가르침을 실천하는 교육의 장이었다. 동산에 오르내리며 수없는 이름 모르는 꽃이 차례대로 피고 지는 것을 알았다. 한철 왕성하게 잎을 피우며 몸체를 늘리다가 추위가 닥쳐오면 칼바람 막아낼 준비로 매정하게 분신을 떨구며 홀가분하게 무장하는 나목의 당당함을 깨우쳤다. 이러한 모습이 생존하는 길이며 가야만 할 여정임을 터득했다.

길은 목적이 있고 끝이 있었다. 삶의 길이나 걸어가는 길이 다르지 않았다. 길은 굴곡이 있고 좁거나 넓음이 있어 늘 긴장을 놓지 말아야 했다. 때로는 앞으로 나가야 할 길에 대해 고민하며 불안한 마음을 떨칠 수가 없었다. 그럴수록 피어나는 꽃을 보며 미소도 짓고 희망을 품으라고 하는 말을 되새겼다. 그래서 길은 긴장과 서두름이 아니라 여유로운 마음으로 한발씩 내딛는 삶이었다. 이를 어렴풋이 깨우치며 소년기를 벗어났다.

길은 삶이다 (2)

 청년의 길로 접어들었다. 미래의 불안과 삶의 정체성에 대한 고민으로 밤잠을 설칠 때가 많았다. 사위가 고요한 밤, 마당에 나서면 무수한 별 가운데 북극성이 유난히 돋보였다. 사계절 그 자리를 지키며 방향을 가르쳐 주고 길을 안내하는 큰 별이었다. 답답하던 가슴이 풀리고 머리가 맑아졌다. 초롱초롱함이 다가오고 옳은 방향을 암시하는 느낌이 들면 방으로 들어와 책상 앞에 앉았다.
 학교 오가는 길은 더 멀어졌다. 책가방은 무거워졌고 생각은 복잡해졌다. 어머니가 누우시는 날은 힘이 쭉 빠졌다. 가족의 웃음이 뜸해졌다.
 장마가 지나간 후 개울물은 더욱더 맑고 조잘대는 소리도 컸다. 지난해까지만 해도 또래들과 수영하며 여름을 보냈다. 이제는 혼자 있는 게 편하고 삶에 관한 고민에 밤잠을 설쳤다. 현실성은 떨어져도 여러 생각 중에 내가 가고자 하는 길이 있으리라는 믿음은 있었다. 이를테면 선생님이 되거나 공무원이 되어 집에서 다니며 부모님을 봉양한다는 생각이었다. 장자라는 무언의 압력도 상당히 작용했다. 할아버지 바람이 그랬다.

늦은 봄이면 방천에 숲을 이루는 아카시아 꽃향기가 넘쳐났다. 주말이면 소 풀 뜯기러 냇가로 갔다. 이름 모르는 풀들이 끼리끼리 모여 키 재기 하면서 영역을 넓히고 있었다. 종류에 따라 꽃 모양이나 색이 달랐다. 나비가 나풀나풀 꽃 주위를 돌고, 벌들도 윙윙거리며 넘나들었다. 하찮은 식물, 곤충도 나름의 자태로 생존을 위한 열정을 다하고 있음이 보였다.

소가 뜯는 풀을 자세히 보았다. 많은 종류의 풀을 마구잡이로 먹는 게 아니었다. 기호인지, 풀 독 때문인지는 몰라도 가려 먹으며 배를 불리는 영리함에 놀랐다. 어려서 어미가 가르쳐 준 것인지, 아니면 냄새나 색으로 구별하는지 궁금증이 풀리지 않았다.

학년이 올라갈수록 불안감이 더했다. 장자가 감내해야 할 문제를 헤쳐내야 한다는 압박감을 떨칠 수 없었다. 부모님은 힘든 농사를 숙명으로 여기며 자식들만 바라보고 묵묵히 일만 했다. 부담감을 덜기 위해서라도 공부에 전념해야 하지만 마음이 흔들렸다. 능력에 미치지 못하는 자괴감도 한몫했다. 고민을 털어놓을 만한 친구나 지인도 없는 외톨이었다.

학년이 바뀌면서 진로에 대한 담임 선생님 상담이 있었다. 대학 진학을 해도 계속 여부가 걱정이라는 말에 서울로 가면 해결된다며 공부에 최선을 다하라고 격려를 해주셨다. 자력으로 공부할 수 있다는 안내였다. 정신이 번쩍 들었다.

대학 입학시험이 주관식이어서 낯이 쓰고 읽는 게 우선이었다. 두꺼운 문제집은 선배가 넘겨주었다. 소나기식으로 나름대로는 열심히 했다. 대학은 정했다. 최소한 그 대학은 가야 가정교사 하며 공부할 수 있다고 생각했다. 생각대로 길이 열려 4년간을 한 가정 아이들 다섯을 가르치며 대학을 마칠 수 있었다. 성실하게 지도하며 한 가족처럼 생활한 것은 지금 생각해도 행운이었다.

대학 생활은 정중동이었다. 막히면 돌아가는 것이 길이지만, 졸업 후에 펼쳐질 사회가 두려웠다. 경쟁에 이길 수 있는 무장을 해야 하는데 나만 깜깜인 듯 불안함을 떨칠 수 없었다. 어수선한 시국은 때로는 학생들을 캠퍼스 밖으로 내몰았다. 그래도 한 번도 참여하지 않았다. 나서고는 싶어도 발등에 떨어진 불 끄기가 더 급했다. 저녁에 가르칠 준비며 읽어야 할 책이 어른거렸다.

도서관에 몇 시간씩 버티다 보면 책 한 권씩은 읽어냈다. 세계문학 전집을 통해 사상가들의 주옥같은 문장에 동질감을 느끼는 경우가 많았는데 불안한 나에게는 많은 위로가 되었다. '4월은 가장 잔인한 달' T.S.Eliot의 황무지에 나오는 시의 구절에 감동되어 책방으로 달려가 엘리엇 선집(을류문화사, 14집, 1959)을 샀다. 지금도 책장에서 내가 뽑아주기를 바라고 있다.

'이 엉겨 붙은 뿌리들은 무엇인가. 돌더미, 쓰레기 속에서 무슨 가지가 자란단 말인가?' 이 황무지의 인간들은 그들이 처해있는 생 중사의 상태로부터 깨어나기를 싫어하고, 현실적인 생에 부딪혀 망각에 파묻혔던 조용한 시절이 방해당하는 것을 두려워한다. 그래서 만물이 소생하는 4월은 기억을 되살리고 현실적인 생의 욕망을 불어넣어 주어 싫은 것이다. 차라리 죽음의 겨울은 망각의 눈에 쌓여 편안했다.

혹시 나의 무의식에 자리 잡은 유아기적 환상이 발버둥 치는 나를 당기는 건 아닐까. 다짐하고 부인하면서 힘든 순간을 이겨냈다. 앞으로 다가올 미래 역시 스스로 개척해 가야 할 쉽지 않은 길임을 알기에 꽃 피는 4월은 잔인한 달일 수밖에 없었다며 공감했다.

2년간의 초급장교로 군 복무를 마치고 본격적으로 사회에 뛰어든 것이 4월이었다. 생존을 위한 능력을 발휘해야 했다. 언론사 몇 군데 응시했지만 보기 좋게 낙방이었다. 실력이 문제인지, 운이 없는 건지 실망감에 휩싸이며 혼란스러웠다. 더는 느긋하게 준비하며 기다릴 수가 없었다. 흐르는 시간의 초조함이 피를 말렸다.

길은 수없이 널려 있다. 어느 길을 선택하느냐가 운명을 가른다. 공무원의 길에 들어섰다가 친구와 사업을 한다고 몇 년을 껍죽댔다. 내 길이 아님을 알고 교직의 길로 들어섰다. 빠른 결정으로 한 길만 달려온 것은 축복이었다. 그간의 선택이 순탄하지는 않았지만, 평생을 좌우하는 길인데 어찌 꽃길만 있었겠나. 앞만 보고 내달린 청년기였다.

길은 삶이다 (3)

　불혹의 길에 접어들었다. 선현의 가르침처럼, 불혹의 나이에 이르면 흔들림 없이 당당히 성취하고자 하는 길을 걸어야 한다. 대학 설립 초기, 대학 행정업무를 총괄하며 조직이 발전해 가는 모습을 보며 보람을 느꼈다. 마치 물 만난 기러기처럼 부지런히 휘젓고 다녔다. 대학의 조직이 커짐에 따라 업무의 부하는 주말을 반납해야 했다.

　내가 꿈꾸던 길은 가르치는 일이었다. 이를 위해 공부는 멈출 수 없었고, 40대 초반에 석·박사 과정을 시작하여 마침내 목표를 이루었다. 그러나 맡은 보직을 벗어날 수 없었고, 그로 인해 힘들면서도 보람을 느꼈다. 한 주에 한두 번씩 학생들과 만날 기회를 만들었고, 강의를 준비하는 것만큼이나 학생들의 반응이 내게 다가왔다. 그 시간은 세상을 살아가는 방법을 배우는 소중한 순간이었다.

　식물이 꽃을 피우고 열매를 맺으며 성장하듯, 나도 어려움을 겪으며 더욱 단단하게 자라갔다. 사나운 비바람과 가뭄, 병충해 속에서도 강해지는 식물처럼, 내가 걸어가는 길에도 꽃길만 있는 것은 아니었다. 구성원들의 시기와 보함, 심지어 무고에도 상처를 입었지만, 그 과정을 지나며 결말을 보며 겸손함을 잃지 않으려 했다.

변화와 혁신이 없으면 경쟁에서 살아남을 수 없다는 사회의 흐름에 발맞추어야 했다. 대학 또한 예외가 아니었다. 안이한 대처는 조직에 치명적일 수밖에 없었다. 밤낮없이 고민하며 때로는 과감하게 결정을 내려야 했다. 반발과 저항 속에서도 옳다고 믿는 일은 추진했고, 그 과정에서 희생과 손실도 뒤따랐다. 사람은 한계가 있기 마련이라서 휴식이 필요했고, 처방을 요구하는 순간도 있었다.

내게도 행운이 찾아들었다. 일 년간의 휴식 기회가 주어졌다. 그동안 가고 싶었던 뉴욕을 선택했다. 껄끄러운 분위기를 뒤로하고 비행기에 올랐을 때, 마치 내 세상을 만난 듯 홀가분한 기분이 들었다. 가정의 일은 아내에게 맡기고, 나는 뉴욕과 그 주변을 탐험했다. 매일 지하철을 타고 맨해튼을 누비며, 그곳에서 만난 필리핀계 미국인 교사와 가까워지며 많은 도움을 받았다. 돌아와서는 강의에 집중했고, 그 와중에 유치원을 인수했다. 하지만 아내가 힘들어하는 모습을 보며, 후회와 미안함이 밀려왔다. 유치원을 인수한 이유는 사실 큰아들 바오로를 생각하며 시작한 일이었다.

조직을 이끌어가기 위해서는 인성과 경험, 그리고 지혜가 필수적이다. 착하다고 해서 모두가 따라주는 것은 아니며, 때로는 긴장감도 필요하고 희생적인 노력도 요구된다. 유치원 운영은 점차 어려워졌고, 국가의 지원이 증가하면서 행정적 지도와 감독이 강화되었다. 그만큼 유연하게 대처할 여지가 줄어들었고, 출생아 감소라는 현실적인 문제에 직격탄을 맞았다. 모든 길이 순탄하지 않음을 깨달았다. 때로는 쉬어가거나 돌아가야 할 때가 있다는 생각이 들었다.

경제적 자립을 빠르게 이뤄보겠다고 아내에게 유치원과 학원 운영을 맡긴 것이 후회스럽다. 아내는 워낙 부지런하고 희생적인 성격이라 가능했지만, 그 과정에서 많은 고생을 시킨 것에 대한 미안함은 평생의 짐이 될 것이다. 책을 읽는 것을 좋아했지만, 대학 행정과 유치원 운영으로 시간을 낭비하며 후회가 남았다. 전공 논문도 제대로 준비하지 못했고, 학자로서의 자격에 부끄러운 마음이 든다. 책을 집필하거나 학회 활동을 활발하게 하지 못한 것 역시 큰 후회다. 중장년기를 지나면서 아쉬움만 남게 되었다.

영국 속담에 "평온한 바다는 결코 유능한 뱃사공을 만들 수 없다."고 했다. 대학 업무에 몰두하며 많은 시간을 보냈지만, 그로 인해 외부 자극이 적고, 보수적인 조직에서 큰 변화를 기대하긴 어려웠다. 일상에 안주하며 평범하게 장년기를 지나온 것 같아 아쉬움이 남는다.

회상回想

　외출 자제를 철저히 지키고 있다. 친척이나 지인의 안부 전화나 문자에는 그저 "잘 지내고 있다."며 감사의 인사로 얼버무린다. 요즘 들어 오후만 되면 머리가 지끈거리고 몸이 천근처럼 무겁다. 코로나 뉴스로 도배된 TV를 끄고 나니 마음이 한결 가벼워진다.
　형형색색으로 덧칠되는 자연의 색채가 경이로움을 넘어 신비감으로 다가온다. 창틀로 밀려드는 녹색의 물결은 생명의 강인함을 고스란히 보여준다. 먼 산 능선 위로 솟아오르는 흰 구름은 푸른 하늘을 건너 유유히 흘러간다. 쓸데없는 잡념을 그 구름에 실어 멀리 보내고 싶다. 그러다 문득 소년 시절의 추억이 스멀스멀 떠오른다.
　담장 옆 고욤나무 그늘이 안마당을 기웃거리던 여름날, 어머니는 멍석을 펴시고 바느질거리를 챙기셨다. 나는 방학 과제를 챙겼다. 물오른 나뭇잎들이 바람에 살랑거리고, 말매미들의 합창은 자연이 연주하는 소나타였다. 나는 방학 과제는 옆으로 밀쳐놓고 어머니 옆에 누워 나뭇가지 사이로 보이는 푸른 하늘을 올려다보았다. 점점이 떠 있는 구름 조각들이 여유롭게 흘러가던 모습이 생생하다. 구름 위를 질주하는 손오공처럼 근두운筋斗雲을 타고 떠나는 상상을 하곤 했다.

그러다 잠이 들고, 상상 속에서 꿈을 꾸면 구름 위를 나는 호기로운 장면이 떠오르고, 물 위를 달리다 넘어지면 깜짝 놀라 소리를 지르곤 했다. 그럴 때면 어머니가 바느질을 멈추고 날 깨우면, 나는 멋쩍게 웃었다.

어머니가 해 기울기 전에 소 풀 뜯기라고 채근을 하시면 외양간에 있던 누렁이를 끌고 싸리문을 나섰다. 녀석은 꼬리를 흔들며 신나게 뛰었다. 냇가에 도착하면 누렁이가 좋아하는 풀이 지천으로 널려 있었다. 오후의 따가운 햇볕 속에서도 냇물을 스치는 바람은 시원했고, 잔잔히 흐르는 물결은 은빛 가루를 뿌려 놓은 듯 반짝였다. 물고기들이 물 위로 뛰어오르는 모습은 넘치는 에너지의 발산이자 내 핏속의 용솟음이었다.

냇가 바위 위에는 백로가 먹잇감을 노리고 있었다. 때로는 긴 목을 치켜세워 푸른 하늘을 바라보는 모습에서 여유를 느꼈다. 백로는 왜 홀로 행동하는지 궁금했지만, 냇가 저 아래쪽 다른 바위 위에 또 한 마리가 보였다. 부부라도 먹이를 사냥할 때는 거리를 두고 움직인다는 걸 알게 되었다.

뜨겁게 내리쬐던 태양이 서산으로 기울면, 누렁이는 배불리 먹고 편안히 누워 때로는 눈을 지그시 감으며 되새김질 하는 모습이 여유롭게 느껴졌다. 백로들도 짝을 이루어 석양을 등지고 날아가는 모습이 평화로웠다.

"노인들은 지난날의 회상으로 버틴다."는 말을 곱씹어본다. 치기 어린 추억을 더듬으며 향수에 잠기는 것은 나이 듦에 대한 아쉬움일지도 모른다. 눈에 보이지 않는 바이러스에 움츠려 방에만 갇혀 있으니 '캐빈 피버cabin fever'라는 답답함이 가끔 마음을 파고든다. 다행히 소년 시절의 추억을 떠올리며 혼자 웃을 수 있는 여유가 있어서 다행이다.

집을 나서 인근 숲길로 들어선다. 숲은 싱그러운 생명이 가득하다. 새들의 다양한 소리는 숲의 활기를 보여주고, 흙과 낙엽을 비집고 나온 작은 풀들도 생명력이 넘친다. 자연의 조화 앞에서 숙연해진다.

사람은 자연의 품에서 깊은 위안과 평화를 얻는다는 평범한 진리를 새삼 깨닫는다. 이름 없는 풀잎 하나에도 생명의 아름다움이 느껴진다. 발걸음을 멈추고 풀을 쓰다듬으며 고마운 마음을 전한다. 이전에는 이런 감정을 느껴본 적이 있었던가.

이제는 지난날의 추억을 떠올리며 미소 짓는 일이 어색하지 않다. 불투명한 미래에 대한 불안과 조바심을 조금씩 내려놓는다. 자연은 늘 그대로다. 변한 것은 나 자신일 뿐이다. 남은 삶을 자연의 순리에 따라 겸허히 받아들이며 살아가고 싶다. 긴장을 내려놓고 지난날의 아름다운 추억 속에서 미소를 짓는 이 순간이야말로 행복이 아니겠는가.

막차

살아온 날들이 적지 않다. 허겁지겁 달려온 인생이었다. 이제 나는 막차에 올라 종점을 향해 가는 여정에 들어섰다. 남은 날들이 얼마나 될지는 알 수 없지만, 여러 정황을 미루어 짐작할 수는 있다. 설령 천수를 누려 백수를 산다 해도 남은 시간은 이미 지나온 세월의 몇 분의 일에 불과할 것이다. 그것도 건강을 유지하는 삶이어야지, 사랑하는 사람들에게조차 정을 떼고 떠나야 하는 삶이라면 생각만으로도 끔찍하다.

요즘 들어 지나온 삶을 되돌아보고 나의 현재 모습을 반추하는 일이 잦아졌다. 막차에 올라탄 초조함 때문일까. 마무리하지 못한 일들을 두고 떠나온 듯한 불안감과, 서둘러 막차에 오른 후유증 같은 피로감이 나를 덮친다. 내 몸과 마음의 어긋남에서 비롯된 조짐들이 하나둘 눈에 띄기 시작했다.

몇 해째 나는 가톨릭 예비자들에게 교리를 가르치고 있다. 무엇을 가르치든 준비는 철저히 해야 한다는 신념으로 살아왔고, 특히 신앙 교리는 지식과 경험이 조화를 이루어야 마음을 움직일 수 있다고 믿어 왔다. 그런데 올해 들어 전달해야 할 핵심을 빠뜨리거나, 기억했던 것을 깜빡 잊어 답답함을 느낀 적이 있다. 특히 숫자에 대한 기억반응이 현저하게 느려진 것을 실감한다. 아직은 나만의 느낌일 뿐이지만, 이런 변화가 타인에게도 보일 정도가 된다면 내가 과연 더 가르칠 수 있을까. 나이 탓이라고 자조하며 허탈해하는 나를 문득 발견한다.

그래서일까. 가끔은 인생 막차의 종착역, 죽음에 대해 생각하게 된다. 나와 함께 달려왔던 주위 사람들이 하나둘 떠나는 모습을 보며, 나 역시 언젠가 닥칠 그 순간을 피할 수 없음을 느낀다. 얼마 전엔 오랜 세월 나를 치료해 주었던 병원 원장이 사우나에서 심장마비로 쓰러졌다는 소식을 들었다. 건강에 자신 있던 그도 예기치 못한 죽음 앞에 무너졌다. 망연자실한 기분이 나를 사로잡았다.

"늘 깨어 있어라. 주인이 언제 올지 아무도 모른다."라는 성서의 구절을 수없이 들었지만, 죽음은 늘 이렇게 허망하게 찾아오는 것 같다. 어떤 이는 병마에 오랜 세월 고통받다 떠나고, 어떤 이는 갑작스레 삶을 마감한다. 순간적인 고통으로 쓰러지는 게 나쁘다 할 수는 없지만, 적어도 긴 병에 시달리다 떠나는 것보다는 이삼 일 정도 앓고 떠나는 것이 복이라는 말이 이해되기도 한다. 어머니의 마지막 모습을 지켜보며 느꼈던 소회다.

지금까지의 여정엔 꽃길도 가시밭길도 있었다. 고개를 넘고 내를 건너며 많은 풍경을 보며 지나왔다. 그래도 기억에 남는 건 꽃길의 아름다움과 그 향기다. 하지만 이제 그 모든 것을 내려놓아야 할 막차의 종착역이 다가오고 있다. 이별의 순간은 여전히 두렵지만, 그 두려움을 이기기 위해 종교와 철학이 우리를 위로해 왔다. 그리스도의 부활 사상이나 석존의 극락정토가 그 대표적인 예다.

이제는 대자연의 섭리에 경외심을 품고 겸손히 받아들일 시간이다. 무거운 짐을 훌훌 던져놓고, 차창 너머로 스쳐 가는 산야의 풍경을 즐기며, 밤하늘의 반짝이는 별빛에 감탄하는 여유를 가져야 하지 않을까. 지나온 흔적에 미련을 두지 말고, 아름다웠던 순간들을 떠올리며 미소 지을 수 있는 막차의 여정을 꿈꿔 본다.

4월은 향기의 달

4월은 향기의 달이다. 희뿌연 도시를 조금만 벗어나도 길가엔 이름 모를 풀꽃들이 하늘하늘 춤추며 벌과 나비를 유혹한다. 들과 산은 연초록으로 물들어가며 생명이 넘쳐난다. 아침저녁으로는 여전히 찬 기운이 남아 있지만, 한낮의 따스한 햇살은 생명들에게 미소를 선사한다. 사월의 향기는 온 누리에 넘실댄다. 누가 4월을 잔인한 달이라 했던가.

오후가 되어 산책에 나섰다. 단지 안의 길을 놔두고 굳이 밖으로 나서는 데는 이유가 있다. 단지 둘레 화단에도 정성껏 심어진 베고니아와 팬지꽃이 눈길을 끌려 하지만, 이상하게도 발길이 가지 않는다. 해마다 같은 자리에 피는 꽃들 때문일까. 식상함이 밀려와 정이 가지 않는다.

단지를 나와 학산공원 입구에 도착했다. 도시 속에 산을 품은 공원이 있다는 건 도시민들에게 축복이다. 오늘은 유독 빨리 걸었더니 얼굴과 등줄기에 땀이 흐른다. 바람도 잔잔하다. 그 순간 라일락 향기가 코끝을 간지럽히며 스며든다. 여린 잎사귀들이 생기를 뽐내며 서로 속삭이는 듯하다. 사월의 신비다.

한 젊은이가 소형 화물차에서 내린 상자 몇 개를 열었다. 노란 참외들이 탐스럽게 드러난다. 그는 생산자에게서 바로 가져온 최고 품질의 참외라며 열심히 설명한다. 하지만 가벼운 운동복 차림으로 공원을 오가는 사람들은 힐끗 보며 지나칠 뿐, 크게 관심을 보이지 않는다.

노란 참외에서 풍기는 향기가 미각을 자극한다. 하지만 사철 등장하는 과일과 채소들은 계절의 감각을 흐려놓은 지 오래다. 계절을 거스르는 이단자들이다. 한때 4월은 씨를 뿌리는 시기였고, 7~8월이 되어야 참외를 맛보던 시절이 있었다. 그런데 이 젊은이는 4월이 참외의 수확 절정기라고 한다. 물론 온실에서 겨우내 정성을 다해 키운 결과겠지만, 계절의 순리를 어긴 듯한 느낌은 어쩔 수 없다. 한여름, 원두막에 올라 시원한 바람 맞으며 참외를 깎아 먹던 시절이 떠오른다.

숲속을 걷는 사람들의 발걸음은 빨라졌다. 거리 두기가 생활화된 탓일까. 모두가 마스크를 착용한 채 걷고 있다. 어린 꼬마가 할머니를 따라 산길을 걷는 모습이 제법 익숙해 보인다. 딱따구리가 나무를 쪼는 소리가 숲의 고요를 깨자, 꼬마는 놀란 눈으로 할머니에게 달려간다. 까치들도 바쁘게 날며 서로 소통하느라 분주하다. 숲은 4월의 봄바람 속에서 생명의 활기로 가득하다. 동면에서 깨어난 생명들이 축제를 준비하는 듯 어딜 보아도 분주한 모습들이다.

공원 정상에서 내려오는 길, 참외를 팔던 젊은이는 여전히 자리를 지키고 있다. 얼마나 팔았을까. 지나가며 바라보던 그가 내게 웃으며 말을 건넨다.

"어르신, 안 사셔도 돼요. 그래도 다섯 상자는 팔았습니다."

"그래요. 더 많이 팔려야 할 텐데…."

참외를 사지 못하는 미안함과 젊은이의 모습에 대한 안타까움이 겹쳐, 그저 할 말 없는 응원만 건넨다.

그는 식당을 운영하다가 코로나로 접고, 새로운 출발로 장사를 시작했지만, 조급해하지 않는다고 했다. "사주는 분들이 있어 용기가 생긴다."며 밝게 웃는 모습이 보기 좋다. 긍정적으로 세상을 바라보는 그의 태도에서 희망이 느껴졌다.

사월의 훈훈한 봄바람 속에서, 이 젊은이의 앞날이 향기로 가득한 꽃길이기를 진심으로 응원해 본다.

마음은 철새

　고향을 떠난 지 반세기가 훌쩍 넘고, 이제는 한세월을 더해 한 강산이 지났다. 대학 시절 친구와의 인연으로 연고도 없는 대구에 정착하며, 고향에서 자란 햇수보다 몇 배는 더 타향살이를 해오고 있다. 그런데도 내 마음은 늘 고향으로 달려간다. 꿈속에서도 고향의 풍경과 그리운 얼굴들이 자주 나타난다. 몸은 이미 타향의 텃새가 되었건만, 마음은 여전히 철새다.

　제비는 추운 겨울 강남에서 보내고 따뜻한 봄이 오면 다시 돌아오는 철새다. 청둥오리나 왜가리처럼 철새이면서 텃새가 된 것들도 있다. 조류뿐만 아니라 아열대 식물도 우리나라에 뿌리를 내리고 적응하며 영역을 넓혀가고 있다. 이는 지구온난화로 한반도의 아열대 기후대가 확장된 결과라고 한다. 자연의 변화가 이토록 다채로운데, 나의 마음은 왜 여전히 고향으로 향하려는가.

　나이가 들면 '귀소본능'이 작동하는 걸까. 태어난 곳으로 돌아가려는 본능이란, 어쩌면 피안彼岸의 세계가 가까워짐에 따라 일어나는 심층적인 마음의 동요일지도 모른다. 연어는 알을 낳기 위해 수만 킬로미터를 돌아 자신이 태어난 곳으로 되돌아간다. 그리고 부화한 새끼들에게 자신의 몸을 내어주며 생을 마감한다. 이런 모습은 태어난 곳을 향한 연어의 본능적인 귀소歸巢라고밖에 설명할 수 없다.

고향이라며 한걸음에 달려가도 반가운 사람들은 모두 떠나고, 낯선 얼굴들만 마주하게 된다. 그러나 여전히 고향은 나를 따뜻하게 품어주는 곳이다. 고요히 마을을 둘러싼 산과 확 트인 들판은 옛 추억을 자극하며 다정하게 맞아준다. 마을 한가운데를 졸졸 흐르던 도랑물의 소리도 여전하다. 비록 개울은 곡선은 사라지고 직선으로 바뀌었지만, 물장구를 치며 놀던 바위의 당당한 자태는 변하지 않았다. 그 바위는 세찬 물줄기를 잠시 쉬어가게 하며, 어린 내게 호연지기浩然之氣를 키워주던 도량이었다.

고향은 변했어도, 변하지 않은 자연의 풍광은 타향살이로 지친 내 마음을 위로한다. 주인이 바뀌어 낡아버린 고향집도 여전히 추억의 화수분이다. 그 집의 마루에 걸터앉아 개울과 들판을 내려다보면, 그리운 얼굴들이 떠오른다.

책보를 허리에 두르고 십 리 길을 뛰어가던 초등학교 시절, 함께하던 친구들. 연필통이 덜거덩거리며 박자를 맞추고, 산들바람이 볼을 스쳐주는 길 위에서 나는 더 넓은 세상을 꿈꿨다. 그러나 그

등하굣길은 이제 흔적도 없이 숲으로 변했고, 물수제비뜨며 장난치던 징검다리는 시멘트 다리로 바뀌었다. 청아한 물소리를 들으며 꿈꾸던 여울의 모습은 사라졌지만, 여전히 그리움은 가슴속에 남아 있다.

추녀 밑에 붙어 있던 제비집은 여전하지만, 제비는 더 이상 보이지 않는다. 강남에서 돌아오지 못한 걸까, 아니면 주인이 바뀌었다고 다른 집으로 날아간 걸까. 여름 내내 벌레를 물어다 새끼를 기르고, 푸른 들판을 휘저으며 비행 훈련을 하던 제비들. 훈련을 끝낸 새끼들이 마당 빨랫줄 위에 나란히 앉아 지지배배 거리며 소통하던 모습, 떠날 때가 되면 가족들에게 인사라도 하려는 듯 집 주위를 빙빙 돌다 어느 날 갑자기 사라지면 할아버지는 강남으로 떠났다며 영물靈物이라 칭하던 제비. 봄이 오면 반드시 다시 찾아오던 그 약속이 너무나도 귀중하게 느껴진다.

누군가는 말한다. "고향은 땅이 아니라 사람이다." 그러나 세월 앞에는 장사도 없다. 정든 사람들은 모두 떠났지만, 고향 땅에 스며든 추억과 향기는 여전히 내 마음을 붙든다. 고향은 내 마음이 머무는 안식처다. 몸은 타향의 붙박이가 되었어도, 내 마음은 언제나 고향을 넘나드는 철새다.

물끄러미

   와룡산 자락을 스치는 색바람이 시원하다. 주말 오전, 와룡산 종합운동장 둘레길을 걷는 사람들 속에 내가 합류했다. 쾌청한 하늘과 분홍색 포장길, 초록 내음 가득한 산이 어우러져 평화로운 분위기를 자아낸다. 마스크를 쓰고 거리 두기를 하며 걷는 사람들의 복장도 형형색색으로 활기차 보인다.

   내 눈길이 멈춘 곳은 한 부부였다. 아내는 남편의 팔에 의지하며 한쪽 손에 가벼워 보이는 지팡이를 짚고 걷고 있었다. 남편은 '여보, 여보' 하며 아내의 팔을 잡고 조심스럽게 이끈다. 그 모습에서 아내 사랑의 애잔함이 느껴져, 나는 그들의 모습을 한동안 놓을 수 없었다. 그러나 주변 사람들은 곁눈질도 하지 않고 각자의 보폭에 맞춰 휙휙 지나쳐간다. 오늘 처음 나온 부부는 아닌 듯, 그들의 걸음에는 익숙함이 묻어난다.

   남편 되는 분은 가끔 아내가 혼자 걷도록 손을 놓고 뒤로 물러

서서 물끄러미 지켜보기도 한다. 손발이 조금 부자연스러워 보인다. 병중이거나 재활을 위한 노력인 듯 보인다. 그 남편은 왜 아내를 데리고 이런 길을 걸었을까? 쾌청한 하늘 아래에서 활기차게 움직이는 사람들을 보며, 정상으로 돌아와 아내와 함께 다시 손을 잡고 걷기를 바라는 건 아닐까? 나이가 나와 비슷해 보이니, 그도 나처럼 반세기 넘도록 앞만 보고 달려온 삶 속에서 한쪽이 병들어 뒷바라지하며 애잔한 마음을 달래고 있을지 모른다.

가끔은 그들의 모습이 내 부부의 모습과 겹쳐 보인다. 나도 요즘 아내가 몸이 아프다고 실망감을 보일 때 위로의 말 한마디로 그녀를 격려하며 병원에 가자고 하면 밝아지는 아내의 모습을 볼 수 있다. 오늘도 주말이지만 병원에 내려주고 난 후, 진료 시간이 길어지면서 산을 오르려다가 발의 통증이 다시 떠오르며 평지 걷기를 선택했다.

몇 바퀴를 돌며 땀을 흘리다가 나무 그늘 간이 의자에 앉았다. 아내와 걷던 남편과 그의 아내도 같은 곳에서 쉬고 있었다. 그 남편은 마스크를 벗고 땀을 닦아주며 허리춤에 찬 물병을 건네며 미소를 잃지 않았다. 아내는 그 미소에 화답하며 따뜻한 얼굴을 보여주었다.

나는 시원한 그늘을 내어주는 느티나무를 물끄러미 바라본다. 나무의 둥치에는 많은 흉터가 남아 있다. 이 나무는 원래 이 자리에 자란 것이 아니라, 공원 조성 중 옮겨 온 것이다. 잘린 가지의 상처는 여전히 선명하고, 새살로 덮여 치유된 부분도 있지만 여전히 흠으로 남아 있는 곳도 있다. 어떤 가지는 잎을 피우지 못하고 죽은 가지로 매달려 있다. 그것이 다른 가지를 살리기 위한 희생이었을지도 모른다. 나무들은 일정한 간격으로 서서 서로를 응원하는 듯 바람에 살랑대며 수런거린다.

그 나무처럼, 사람도 자연의 도움을 받아 고난을 이겨내고 치유되는 것일까? 잔잔한 바람이 나무를 어루만지고, 따뜻한 햇살이 그를 보듬으며, 목이 마르면 비를 뿌려준다. 그래서 나무는 사람들에게 쉼터를 제공하며, 고단한 삶을 사는 사람들에게 위로를 주는 존재가 된다. 자연의 능력은 위대하다.

그 남편은 아내를 물끄러미 바라보다가 미소를 보내며 다시 둘레길로 나선다. 아내는 힘들어 보이지만, 남편의 배려에 힘을 얻어 다시 걸음을 내딛는다. 남편의 희생적인 뒷바라지는 그들에게는 아마도 당연한 일일 것이다. 평생의 반려자로 함께 살아온 고마움을 보답하는 마지막 봉사일지도 모른다.

그들의 모습을 물끄러미 바라보면서, 나는 나 자신이 초라해 보인다. 비정상적인 상황을 정상으로 돌리기 위해 노력하는 그들에게서, 나는 많은 생각을 하게 된다. 세월이 흐르고 경험이 쌓이면 다가오는 어려움들을 잘 처리할 줄 알았지만, 사실 그건 나만의 생각이었다. 아내와 부딪치며 내가 준 스트레스는 대부분 나의 책임이었다. 이제는 나이 듦에 따라 기울어져 지는 한 편을 보며, 후회가 밀려온다. 아내에게 더 유연해져야 한다.
 세월의 무게에 눌려 다가온 고통을 함께 겪으며, 부부 사랑의 참모습을 보여주는 그 남편 되는 분을 물끄러미 바라보며, 내 마음에 잔잔한 물결이 일어났다.

부드러워야 산다

햇살이 대지 위로 쏟아지는 오후, 창가에 다가섰다. 창틀까지 뻗어온 나뭇가지에서는 곧 터질 듯한 연초록 생명의 부드러움이 감탄을 자아냈다. 겨우내 딱딱하던 줄기에서는 윤기가 흐르고, 움트는 가지마다 촉촉한 생명력이 감돌았다. 부드러운 것이 어찌 새 순뿐이겠는가. 살랑이는 바람마저도 부드럽고, 맑은 햇살은 생명을 깨우고 성장을 돕는 봄의 부드러움 그 자체였다.

나는 아파트 저층에 산다. 창문을 열면 꽃과 나무들이 손에 닿을 듯 가깝다. 아파트 앞 화단은 내가 애정을 쏟고 아끼는 공간이다. 밖으로 나가 화단에 웅크려 흙을 유심히 살폈다. 지난밤 내린 비로 푸석하던 흙이 더욱 부드럽고 윤기가 흐른다. 여기저기서 생명력이 꿈틀댄다. 흙을 비집고 연노란 잎을 내민 상상화는 기지개를 켜며 심호흡하는 듯하다. 땅속 여기저기서 바삐 움직이는 소리가 들린다. 흙을 박차고 창공으로 솟아오르려는 준비가 한창인 듯하다. 토양이 부드럽고 봄볕이 재촉하니 촌각을 다투며 머리를 내밀 것이다.

 부드러운 가지마다 잎을 틔울 준비가 한창이다. 뿌리에서 밀어 올리는 물은 수관을 따라 가지로 퍼지고, 가지는 윤기를 머금으며 봄바람과 따뜻한 햇살을 품을 힘을 얻는다. 반응이 느린 배롱나무도 뿌리의 펌프질이 시작되었는지 매끈한 몸체가 더욱 빛나 보인다.

 십여 그루 나무 중에서도, 계절을 막론하고 푸르름을 자랑하며 '내 모습을 보라'는 듯 고고한 자태를 묵묵히 보여주던 소나무 한 그루는 잎이 마르고 몸체 표피가 유난히 거칠어졌다. 거무스레하게 변한 모습은 생명력을 잃은 것처럼 보여 안타까운 마음이 든다. 적잖은 비용을 들여 화단에 심은 조경수가 아닌가. 수령도 반세기를 넘을 듯한데, 겨우내 동장군과 씨름하다 끝내 패배한 걸까. 유연함을 잃고 생명력을 잃어버린 고사목은 봄바람에도 위태롭기만 하다. 소나무와 함께 화단에서 돋보이던 회화나무는 겉은 단단하더라도 우듬지 가지에서는 부드러운 생명력이 솟구친다. 겉의 단단함은 내면의 부드러운 생명력을 보호하기 위한 껍질이다. 부드러워야 비로소 성장할 수 있기에, 노년의 딱딱함을 삶의 지혜로 승화하는 것이리라.

 우리 몸도 다르지 않다. 영아의 보드라운 살결을 떠올려 보라. 얼마나 부드럽고 매끈한가. 그렇게 부드럽던 몸도 나이를 먹으며 점차 굳어지고 유연함을 잃는다. 넘어지면 십중팔구 부상을 입는 나이가 된다. 시간의 흐름은 모든 생명에게 공평하게 노화를 안긴다. 다만 그 길고 짧음의 차이만 있을 뿐이다. 인생의 산수를 넘기고 나니 이제는 모든 부위에서 부드러움이 줄어들거나 사라지는 것이 느껴진다. 그래서 오늘도 밖으로 나가기보다는 창가에 서거나 아파트 화단에 앉아 부드럽게 다가오는 봄의 소리에 귀를 기울이고, 눈으로 즐기고 있다.

찌들고 굳어진 내 몸도 부드럽게 다가오는 봄과 함께 유연해지기를 소망해 본다. 이제는 저 고목처럼 내면의 부드러움을 간직하면서 가지를 뻗고 잎을 피우며 의연한 자세로 세상을 품고 싶다. 굳은 자세로 큰소리만 친다면 어찌 마음의 평화를 유지할 수 있겠는가. 가장으로서 누리던 영화를 뒤로하고, 이제는 모든 것을 내려놓을 때가 아닌가. 그저 한발 양보하며 부드럽게 처신하고, 있는 듯 없는 듯 조용히 관조하며 살아가는 삶의 시간이 아니겠는가. 저 당당한 나무처럼 가정의 울타리가 되기를 바라는 마음은 여전히 변함이 없다.

그런데 마음이란 참 요사스러운 것인가. 하루에도 열두 번 더 변덕을 부리며 희희와 비애를 오가는 내 마음은 나조차도 종잡을 수 없다. 마음에 차지 않는다고 사소한 일에 화내고, 지나쳐도 될 일에 간섭하며 졸라대는 소인배 같은 근성이 어찌 부드러움이겠는가. 그러니 주위가 긴장하고 침묵하는 것이 일상이 된 것이 아니겠는가. 저 우뚝 선 나무처럼, 겉의 단단함이 속의 부드러움을 뒷받침하며 생명을 키워내듯, 비록 몸은 굳고 딱딱해질지라도 마음만은 늘 부드럽기를 바라는 것이다.

파크골프장에서

　새벽 여명을 헤치고 금호강변 파크골프장에 도착했다. 도깨비불 반짝거리듯 잔디 위를 구르는 야광 공이 홀을 향해 달린다. 부지런을 넘어 극성 아닌가. 하긴 요즈음 같은 농번기면 아버지는 거름 지고 논밭으로 가시던 시간이다. 그런데 나는 공 치겠다고 밤잠 설치며 나오다니 부끄러움이 다가온다.

　삼사 명씩 팀을 이루어 푸른 구장을 누비고 있다. 휘두르는 골프채에 힘이 실리면 공 구르는 게 매끄럽지 못하다. 오비 나기 쉽다. 힘을 빼고 쳐야 잔디 위를 부드럽게 흐른다. 힘이 들어가 사달 나는 일이 어디 파크골프뿐이랴. 그런데 공을 쳐보면 마음대로 되지를 않는다. 아무래도 연습 부족에 짧은 경험 탓도 있으리라. 조바심을 눈치챈 옆 친구가 "서두른다고 될 일이면 선수 아닌 사람이 있으랴. 여유로운 마음으로 힘 빼고 치게나." 하며 한마디 던진다.

홀을 향해 옮기는 발걸음이 가볍다. 달려온 동호인들로 파크골프장은 분주하다. 비거리가 짧은 편이고 뒤따르는 팀이 늘 기다리는 상황이어서 빨리 움직이어야 한다. 서로의 대화에 제약이 없어 좀 소란스러운 게 사실이다. 골프와 달리 소통이 자유롭다. 주고받는 대화가 재미있고 흥미진진하다. 너 나 할 것 없이 남의 이야기라면 귀에 솔깃하다. 귀동냥에도 흥미가 있고 관심이 많다. 안주 삼아 비방하는 말만 아니면 다 좋다. 웃음이 일고 안색이 밝아진다. 강물의 윤슬이 더욱 빛을 발한다. 막 떠오르는 해님의 반김이다.

유년 시절 동네 또래들과 자치기 하던 생각이 난다. 밤새 내린 눈이 중천에 떠오른 햇살에 땅을 드러내고 처마에 달린 고드름이 제 몸을 이기지 못하고 곤두박질친다. 동네 아이들이 마당으로 모여들면 늘 하는 놀이는 자치기였다. 도구라야 나무 막대기와 토막 나무만 있으면 되었다. 편 갈라 공격팀이 치면 수비팀이 받아 던진다. 얼마나 멀리 치고 잘 받아 홈 가까이 던지느냐에 승패가 갈렸다. 심판을 어른들이 해주었다. 한참 자라는 시기에 이만한 운동이 있을까. 추위가 몸을 움츠리게 해도 눈 밟고 신선한 공기 마시며 치고 달리며 승부에 집착했다. 등에는 땀이 흐르고 시간 가는 줄 모르며 몰입했다. 감기라고는 앓아본 적이 없으며 콧물이 흐르다가도 어느새 멀쩡해지곤 했다.

나이 들어 치는 파크골프는 내 건강을 위해서 의도적으로 나서는 것이다. 18홀 3번 돌고 나면 8,000보 가까이 된다. 물론 시간도 생각보다 많이 걸린다. 컨디션이 좋지 않으면 무리가 되어 더욱 피곤하고 몸살까지 한다. 그러면 며칠 쉬었다가 나서 보지만 힘들고 지루함이 다가온다. 재미가 있어야 하는데 신심에 부담되어 이제는 손을 놓아야 할 것 같다. 건강을 위해서 하는 운동이 득보다 실이 크다는 생각이 떨쳐지지를 않는다.

내 나이쯤에 공 치는 사람이 얼마나 될까. 하긴 나보다 더 나이 든 골퍼도 있다. 삼사 명씩 팀으로 하는 경기다 보니 분위기도 중요하다. 함께하는 지인은 무리하면 쉬었다가 하라고 하지만 팀 분위기를 흐리는 것 같아 따라 할 수밖에 없는 것이다. 나이를 따지는 건 아니지만 밀착되어 치는 운동이어서 나이 든 표가 나는 건 어쩔 수 없다. 규칙이 있지만 나이 든 대접이라고 먼저 치도록 양보하거나 오비 나면 재빠르게 공을 찾아주는 것도 부담이 된다. 좋은 모습이긴 하나 받는 편에서는 부담으로 다가오는 게 사실이다.

한때는 높은 산만 찾아 호연지기 하며 뽐내던 때도 있었다. 나이 들면서 동네 낮은 산만 오르다가 이제는 그것도 부담이 되어 아파트 둘레길에 익숙해졌다. 파크골프는 평지 잔디밭이니 수월할 것 같아 나가보니 어울리는 재미에 빠지기도 하지만, 나도 모르게 몸의 균형이 뒤틀어지고 불편함을 느낀다. 이런 현상이 왜 일어날까. 산수가 넘어가니 이제는 자중하고 쉬라는 것 아니겠는가. 운동하겠다고 나서는 꼴도 우습지만, 더 건강해지려는 욕심이 무리인 것을….

어느새 잔디에 흰 구슬 같은 이슬방울이 맺힌다. 햇볕에 반사된 영롱한 빛에 눈이 부시다. 촉촉한 잔디를 밟는 발의 촉감이 양탄자 위를 걷는 기분이다. 모든 게 새벽 순간적으로 일어나는 자연의 조화다. 강물을 스쳐온 신선한 바람에 가슴이 후련하다. 자연은 아낌없이 모든 걸 내어준다. 이를 고맙게 받아 즐기지 못함이 이제는 안쓰럽다. 재미있다고 휩쓸리다 보면 어느새 몸이 뒤틀리고 불안전함이 다가온다.

이제 파크골프도 놓을 때가 된 것인가? 돌아서는 발걸음이 무겁다. 어쩔 수 없다. 자연의 순리다. 겸손한 마음이 든다.

왕버들

 천연기념물 403호인 왕버들 52그루가 의연한 자태로 푸른 하늘에 닿아 있다. 몸은 비록 비틀어지고, 표피는 거칠게 덕지덕지 붙어 있지만, 그것은 험난한 세월을 이겨낸 훈장 같은 자랑스러운 표징이다. 수백 년을 버텨 온 삶 속에서 왕버들은 풍상과 역경을 견디며 자연의 일부로 존재해 왔다.
 이 나무들은 홍수를 막고 역병을 물리치며 여름에는 뙤약볕을 가려주는 한편, 허파 역할을 다하며 생명을 지켜왔다. 사람들은 왕버들의 공로를 기리기 위해 제방을 돋우고 서 있는 자리를 다듬어 공원을 만들었다. 나무가 서 있는 땅에는 맥문동을 심었고, 넓은 공간은 잔디 광장으로 꾸몄다. 이제 왕버들은 모든 수고로움을 내려놓고 평화롭게 의연한 자태로 영화를 만끽하고 있다.
 늘어진 가지들은 받침목으로 안정감을 더했고, 나무가 서 있는 땅에는 퇴비를 덮어 영양을 공급하며 비바람과 병충해를 견딜 수 있도록 보호하고 있다. 한편에는 듬직한 후계목이 무럭무럭 자라고 있어 왕버들의 유산이 이어질 미래를 기대하게 만든다.

왕버들은 더 이상 홍수에 휩쓸리거나 잡초에 시달리지 않는다. 방역작업 덕에 병충해로부터 안전하며, 왕버들 주변에 심어진 맥문동이 꽃을 피우면 보랏빛 향기로 방문객들의 지친 심신을 치유해 준다. 새들이 날아들고 나비가 춤추며, 사람들은 왕버들의 아름다움에 감탄사를 연발한다. 고난과 역경 속에서 살아남은 왕버들이 이제는 보답받는 듯하다.

문득 자신의 삶을 돌아본다. 나이가 들어가며 아침에 일어나는 것도 점점 더 힘겨워진다. 눈을 뜨고도 쉽게 일어나지 못하는 일이 잦아지는 것은 단순히 게으름 때문만은 아닐 것이다. 연륜에서 오는 자연스러운 현상이리라. 그래도 평균 수명을 넘는 나이에 건강을 유지하고 있어 이것이야말로 축복이 아닌가.

아이들이 자주 전화하며 건강을 걱정해 주는 것도 행복의 일부다. 사람들과의 관계 속에서 단정히 몸가짐을 유지하고, 허튼 말을 삼가며 밝은 얼굴로 대하려 노력하는 것은 나이 듦을 긍정적으로 받아들이려는 작은 실천이다. 거칠어진 피부와 틀어진 몸을 꾸미며 가꾸는 일은 또 다른 기쁨과 행복을 준다. 오늘도 보라색 잠바에 가벼운 모자와 선글라스를 걸치니 마음만은 사십 대 같다.

칭찬은 고래도 춤추게 한다고 했다. 누군가의 사소한 칭찬에도 기분이 좋아지고, 나이 들었어도 여전히 철없는 모습에 웃음 짓게 된다. 왕버들의 의연한 모습이 자꾸 떠오르는 이유는 자신을 가꾸지 못한 자괴감 때문일지도 모른다. 하지만 자연 속에서 묵묵히 주어진 삶을 살아온 왕버들의 모습은 삶의 겸손과 평화를 상징한다.

 뒤틀리고 덕지덕지 붙은 훈장을 달고도 왕버들은 침묵 속에서 자신의 역할을 다하며 살아왔다. 모든 것을 품으며 베푸는 왕버들의 삶은 경이롭고도 평화롭다. 그들이 만들어 낸 넓은 그늘은 사람들에게 쉼과 시원함을 선사한다. 자연의 일부로 묵묵히 살아온 왕버들의 모습은 인간에게도 많은 깨달음을 준다. 작은 일에도 흔들리고 마음이 복잡해지는 나의 모습을 돌아보니, 왕버들의 기개가 더욱 크게 느껴진다.

막다른 길

    단풍의 계절입니다. 아파트 정원의 나무들이 형형색색으로 물들어 눈이 즐겁습니다. 푸른 숲의 싱그러움을 서서히 내려놓으며, 마지막 열정을 불태우려는 듯 색의 조화가 환상적입니다. 살랑이는 미풍이 잎을 흔들면, 나뭇잎들은 사뿐히 날아올라 마치 나비의 군무를 펼치는 듯합니다. 나무가 잎을 벗어내는 모습 또한 하나의 예술입니다.

    황금빛 햇살이 가득한 오후, 정원 나무 둘레의 의자들에 활기가 넘칩니다. 서너 명의 노인이 둘러앉아 이야기꽃을 피웁니다. 한 노인은 머리 위로 사뿐히 내려오는 단풍잎을 잡으며 말합니다. "색색의 오묘한 조화가 참 아름답네. 산수를 넘도록 단풍을 보아왔지만, 오늘따라 더욱 새삼스럽게 느껴지는걸." 그러면서 자신도 단풍처럼 늙어갈 수 있으면 좋겠다며 미소 짓습니다.

    한때 이 단풍잎들은 푸르름을 자랑하며 나무를 키우고 그늘을 만들어 쉼터 역할을 했습니다. 날아드는 새들을 품어주고, 아파트의 공기를 맑게 하며 제 몫을 다했습니다. 그러나 지금은 봄과 여름을 지나 임무를 마치고, 세월에 순응하며 돌아갈 자리를 찾아 마지막 정열을 불태우고 있습니다. 이제 바랄 것이 있다면, 추운 겨울 뿌리를 감싸는 이불이 되어 흙으로 돌아가는 것뿐입니다. 단풍잎의 독백이 들리는 듯합니다.

그러나 마음 한구석은 가볍지 않습니다. 단풍과 낙엽에서 세월의 무상함을 느끼기 때문입니다. 마지막 정열을 불태우는 낙엽의 모습도 있지만, 계절의 흐름에 운명을 맡기며 떨어지는 낙엽은 처연해 보이기도 합니다. 길 위에 떨어져 오가는 사람들에게 밟히는 낙엽을 보면 애석한 마음이 듭니다. 어린아이가 할머니 손을 잡고 낙엽 하나를 집어 건네는 모습에서는, 낙엽이 마치 할머니의 모습을 닮아 보인다는 생각이 스칩니다.

문득 생각이 복잡해집니다. 나도 겨울을 향해 달려가고 있습니다. 나는 잎을 떨쳐내는 나무가 될 것인지, 아니면 마지막 열정을 불태우다 낙엽처럼 사라질 것인지 고민됩니다. 세월에 순응하며 조용히 여생을 살아갈 것인지, 아니면 여력을 모아 열정을 다해 살아갈 것인지 갈등합니다. 그러나 망설이는 태도로 시간을 낭비하는 것은 옳지 않다는 생각이 듭니다. 비록 내 능력이 미치지 못하더라도 살아온 경험을 바탕으로 활기차게 살아가고 싶습니다. 그래서 오늘도 헬스장으로 향합니다. 두어 시간 땀을 흘리고 나면 몸이 가벼워지고, 다시금 활기를 찾습니다.

　우리 세대는 모두 그러했듯, 어렵던 시기를 버티며 터득한 생존의 지혜로 여기까지 왔습니다. 의지하거나 도움받기보다는 스스로 삶을 일구며 살아왔습니다. 이제는 죽음을 준비해야 할 때입니다. 삶의 끝이 언제일지 알 수는 없지만, 마음만은 중심을 잡아야 노추老醜로부터 조금이라도 벗어날 수 있을 것입니다. 칙칙한 색으로 나무에 붙어 바둥대는 낙엽이 아니라, 정열을 불태우며 미풍에 춤추듯 내려오는 낙엽이 되고 싶습니다.

　산수를 훌쩍 넘으면서 '어떻게 죽을 것인가'가 화두가 되었습니다. 어디에 묻힐지 또한 고민에서 떠나지 않았습니다. 죽고 사는 문제는 내 의지대로 되는 것이 아니지만, 무심히 있다가 갑작스러운 죽음을 맞으면 나 자신은 물론 주변 사람들도 황망할 것입니다. 살아가는 동안 물에 물 탄 듯 살아왔다면, 마지막 순간만큼은 신앙의 가르침대로 조용히, 평화롭게 죽음을 맞이하겠다는 다짐입니다. 귀소본능인지 고향 생각도 떠나지 않습니다.

　낙엽도 새싹이던 시절에는 꿈이 있었습니다. 열정적으로 잎을 키우며 소임을 다하고, 계절의 변화에 순응하며 아름다운 변신으로 마지막 축제를 펼칩니다. 미풍에 너울너울 춤추며 조용히 자연으로 돌아가는 낙엽의 모습에서 삶의 지혜를 배웁니다.

3
마파람이 달다

한 시절의 추억

　봄의 햇살이 따사롭다. 앙상하던 나뭇가지에 연초록 잎이 돋아나고, 자연은 생동감으로 가득하다. 베란다에서 겨울을 난 유자나무가 정성을 다해 돌본 보답이라도 하려는 듯 꽃망울을 터뜨렸다. 화단에 내놓자 짙은 향기가 온기를 더한다. 나비가 나풀나풀 포물선을 그리며 꽃 주위를 맴돈다.
　겨우내 알집에서 웅크렸던 나비는 봄의 부름에 깨어났다. 어느새 껍질을 벗고 날개를 펼치며 창공을 나는 모습은 조물주의 생명 사랑이 얼마나 경이로운지를 일깨워 준다. 꽃의 아름다움에 반했는지, 그 향기에 취했는지, 이유는 중요하지 않다. 화사한 봄의 기운이 넘치는 대지 위에서 펼쳐지는 이 자연의 축제가 얼마나 눈부신가. 나비는 꽃의 유혹에 이끌려 주위를 맴돌다 살짝 입을 맞추고, 다시 한 바퀴 선회한다. 그 모습에 시선이 고정되고 마음이 머문다.

나도 한때 이성에 빠진 때가 있었다. 새내기 시절 시내 대학 학과별 체육대회에서 만난 여학생과 친구가 되었다. 난생처음 바다 구경하며 사랑하는 여성의 손을 잡고 인천 앞바다의 월미도를 걸었던 기억은 지금도 환희로 남아있다. 그 시절, 손 한번 잡으려면 얼마나 마음의 준비와 뜸을 들여야 했던가.

그러나 졸업과 동시에 나는 학훈 장교(ROTC 3기)로 입대했고, 그녀는 유학을 떠났다. 이후 우리는 마음속에서만 서로를 그리게 되었다. 처음부터 나는 마음 한구석에 "오르지 못할 나무는 올려다보지도 말라."는 말을 떠올리며 깊이 사귀지 않으려 했다. 초라했던 내 환경이나 처지가 깊이 사귐을 허락하지 않는다고 생각하면서 만남이 이루어지고 있었으니 말이다. 결국, 우리는 점점 멀어졌고, 세월 속에 묻힌 추억이 되었다.

그 후로도 가끔 서울 친구를 통해 그녀의 소식을 들으면 마음이 짠해지곤 했다. 결혼 생활이 순탄치를 않아서였는지, 그녀는 그 시절 나와의 이야기를 자주 꺼낸다고 했다. 나 또한 만날 용기는 없으면서도 기차나 비행기를 탈 때마다 혹시나 그녀를 마주칠까 싶어 두리번거리는 내 모습을 발견하곤 쓴웃음을 짓기도 했다. 짝사랑인지. 아니면 첫 이성에 대한 무의식적 반응인지 알 수 없었지만, 오래도록 미련이 남아 있었다.

나비를 보며 문득 깨닫는다. 이성 간의 사귐이 단순히 흥미나 쾌락이 목적이었다면, 그 시절의 기억이 이렇게 오래도록 남아 있을

리 없다. 나풀나풀 꽃의 주위를 맴도는 나비는 꿀을 모아 겨울을 대비하는 벌과는 다르다. 나비의 날갯짓은 봄의 경이로움을 즐기며 자신의 삶을 만끽하는 모습처럼 보인다. 하늘을 훨훨 휘저으며 아름답고 달콤한 꽃향기와 더불어 욕망을 채우려는 것이 한편으로는 처연해 보인다.

나비는 결국 꽃에 앉아 허기를 채우고 꽃가루를 옮기는 매개체로서의 소임을 다한다. 나 역시도 이성에 대한 사랑보다는 생계를 유지하고 가족을 책임져야 한다는 책무에 잠시도 한눈팔 겨를이 없었다. 자립을 위해 노력해야 했던 젊은 날의 나는 앞만 보고 달리기도 버거웠다.

오늘, 나비의 유유자적하는 날갯짓을 보며 한 시절의 추억이 주마등처럼 스친다. 그 시절, 설렘과 환희, 그리고 이룰 수 없었던 마음들이 봄날의 따스한 햇살처럼 내 안에 은은히 남아있다.

존귀한 생명

늦은 밤, 지인으로부터 전화를 받았다. 그는 아내의 생명 유지에 대해 고민하고 있었다. 더는 볼 수 없어 의사에게 인공호흡기를 제거해 달라고 요청해야 할지를 두고 갈등 중이라는 것이었다. 그의 아내는 병석에 누운 지 십 년이 다 되어가고, 그중 최근 3년은 인공호흡기로 연명해 왔다. 그는 아내를 볼 때마다 안쓰러워 눈시울을 적셨다. 산전수전을 다 겪은 인생의 달인이지만, 아내의 생명을 끊는 결단 앞에서는 외롭고 허무했던 것일까. 그래서 늦은 밤에 전화를 걸었으리라.

그의 아내는 50대 초반에 뇌출혈 증세로 병원을 드나들며 치료를 받았다. 이후 신경쇠약 증세와 함께 거동이 어려워지자, 남편은 직장을 정리하고 아내 간호에 매달렸다. 주일이면 아내를 휠체어에 앉혀 성당 앞줄로 가서 미사에 참석하는 등 지극정성으로 돌보는 모습에 많은 이들에게 감동을 주었다. 그는 수시로 손수 운전하여 교외로 나가 자연 속에서 아내에게 힐링을 선사했다.

하지만 세월이 흐르며 아내의 병세는 악화되었다. 산수가 넘은 남편은 병원과 요양원을 오가며 그녀를 돌봤고, 결국 아내는 식물인간 상태로 인공호흡기와 링거를 통해 생명을 연장하게 되었다. 이제는 눈빛으로만 의사소통이 되지만, 남편은 하루 중 오전, 오후 한 번씩 병원을 찾아 아내의 손을 잡고 몸을 어루만지며 사랑의 눈빛을 전했다. 그는 "살아 있다는 것 자체가 축복"이라며 주위 사람들의 마음을 뭉클하게 했다.

그런 그가 왜 갑자기 인공호흡기를 떼고 싶다는 말을 꺼낸 것일까? 신앙심이 깊은 그의 신념이 흔들린 것일까? 아니면 아내를 사랑했던 그의 마음에 금이라도 간 것일까? 필연적으로 무언가 사연이 있을 것이라는 의문이 들었다.

나는 그에게 혼자 결정하기보다는 자녀들과 함께 상의하는 것이 좋겠다는 뜻을 전했다. 한 가족으로서 생명 연장의 도리를 다하는 것이 옳다고 생각했기 때문이다. 하루 이틀, 혹은 십 년의 시간이 걸리더라도 생명의 존귀함을 지키는 것이 인간다운 도리일 것이다. 조물주가 주신 생명은 거두어 가는 것도 그의 뜻이겠지만, 남은 이들로서 그 생명을 존중하고 지켜야 하는 책임이 있다.

오늘날 인간 생명을 가볍게 여기는 풍조가 만연하고 있는 것이 걱정이다. 뉴스를 보면 매일같이 생명을 경시한 사고와 사건들이 빠지지 않고 보도된다. 물질 만능주의와 돈이 최고라는 풍조 속에서 인간의 존귀함이 점점 잊히는 듯하다.

생명은 설사 호스로 연명하더라도 존엄하고 존귀하다. 세상을 떠나는 고비는 누구에게나 어렵지만, 인간으로서 사랑과 이해를 나누는 시간은 무엇보다 소중하다. 억만 분의 일 확률로 태어난 생명은 경외와 존중을 받을 자격이 있다. 그것이 인간다움의 근본이다.

인간은 다른 생명체와 다르다. 조물주가 특별히 창조한 고귀한 존재로서 생명 존중은 더욱 강조되어야 한다. 산 자의 결정으로 단순히 생명을 끊는 것은 약육강식의 세계에 사는 동물과 다를 바 없다. 그날 밤은 참으로 길고도 지루했다. 누워 계신 분의 쾌유를 간절히 빌며 잠들었다.

뒤처리는 말끔히

　화재 소식이 잦은 계절이다. 담뱃값도 만만치 않은데 반쯤 피우다가 버린 꽁초가 널려있다. 길이나 가로수 밑이 재떨이로 탈바꿈된 착각이 들 정도다. 더욱 안타까운 것은 지나가는 자동차에서 차창 밖으로 던지는 담배꽁초다. 불이 붙은 채로 포물선을 그리다 도로 위를 구르는 것을 보면 화가 솟는다.
　화재 소식이 뉴스에 오르내리는 것은 저렇게 함부로 버리는 사람의 소행임을 확인하는 것 같아 씁쓸하다. 교육이 잘못되어 그런 걸까. 직업의식이 발동되면서 내 잘못이라는 자괴감까지 밀려든다.
　이 나이에 주말을 빼고는 매일 출근해서 하는 일이 있다. 아이들이 오기 전에 유치원 주위의 도로를 청소하는 일이다. 장갑 끼고 마스크 하고 빗자루, 쓰레받기까지 챙기는 것이 익숙하다. 길 위를 구르는 휴지며 담배꽁초 쓸어 담기에 바쁘다.

몇 년 전에 영국과 아일랜드를 오가며 두 달간 머무를 때였다. 다부린Dublin 시내의 버스정류장에서 젊은이들이 몇 명씩 둘러앉아 잎담배를 말아 피우는 광경을 종종 볼 수 있었다. 담배 연기가 주위로 퍼지면 기다리던 사람들이 흩어지거나 아예 멀리 피했다. 금연 구역이 대부분이어서 마땅한 흡연 공간 찾기가 어려워 길에서 피우는 것이고, 담뱃값이 부담되어 헐한 잎담배를 종이에 말아 피우는 것이라고 했다.

정류장 근처에는 담배꽁초가 널려있을 법하지만 언제 보아도 깨끗한 걸 보면 다행히도 뒤처리는 잘하는 것 같았다. 담배 피우는 젊은이들이 남부 유럽이나 남미 계통 국가에서 온 여행객이거나 영어 연수를 온 학생들이 대부분이었다. 담배 원산지는 남미이고 스페인에 의해 유럽으로 전파되었다고 한다. 그래서인지 스페인 젊은이 중에는 골초가 많다고 한다.

기호식품이던 담배의 백해무익함이 알려지면서 애연가의 입지가 좁아지는 게 사실이다. 금연 구역이 늘어나고 가정에서도 아이들이나 가족들이 반기지 않으니, 집 밖에 나오거나 들어가기 전에, 거리나 차에서 해결하려 애를 쓴다.

내가 군대에서 생활할 때 막사 밖에서 꽁초는 공중분해 시키도록 배웠다. 즉 발로 흔적도 없이 문지르는 것이다. 화재 예방을 위해서도 최고의 방법이었던 것 같다. 이렇게 함부로 버리는 사람들은 군 미필자들인가. 아니면 기본생활 습관 교육이 안 된 탓인가.

마파람이 달다 155

학교에서는 기본생활 습관 익히기를 철저하게 가르치는데 그 내용에는 함부로 버리지 않는 것도 포함되어 있다.

배웠어도 안 되는 것을 어찌하랴. 알면서도 함부로 버리거나 차창 밖으로 던진다면 이를 어찌 이해해야 할까. 건강을 해치는 건 물론 쾌적해야 할 거리환경을 오염시키거나 화재를 일으키는 원인이 될 수 있다는 불안감을 숨길 수가 없다.

우리나라는 어느 분야에서나 이미 선진국 대열에 진입하고 있다. 세계의 10대 경제 대국으로 우뚝 섰다. 오랜 역사를 가진 문화민족이다. 물론 문화의 갭이 있는 것은 사실이지만, 남을 짜증 나게 하고 환경을 오염시키는 짓은 하지 말아야 한다. 함부로 버리고 던지는 이들의 마음을 생각하니, 답답함이 밀려온다. 담배를 즐기는 것이야 개인의 문제라 어쩔 수 없다 해도, 뒤처리만큼은 말끔히 해주기를 바라는 마음 간절하다.

앵무새증후군

앞사람을 따라가지 않으면 안 된다. 익숙하지 않은 곳은 함부로 드나들지도 못한다. 건드리면 터질 것처럼 위축된다. 아는 사람과 함께여야만 안심할 수 있다. 새로운 것을 시도하지 않은 사람에게 세상은 끝없이 두렵고 불안한 곳으로 보인다.

학생들을 지도할 때의 일이다. 졸업 직전 학기에 현장에서 구인 요청이 들어오면 학생들에게 요구 조건을 안내한다. 열심히 배우고 현장 실습도 마친 학생들 가운데 새로움에 대한 두려움으로 겁을 먹는 경우가 있다. "잘 해낼 수 있을까요?" "학부모와의 관계를 잘 맺을 수 있을까요?"라며 소심하게 두려움을 털어놓는다. 이는 마치 온실 속 화초를 밖으로 옮겨 심었을 때 나타나는 몸살과 같다.

시간이 지나야 비로소 땅 냄새를 맡으며 강한 햇볕에 적응할 수 있다. 학생들도 억지로 현장에 나가면 적응하려고 노력하지만, 결국 포기하고 떠나는 경우도 적지 않다. 유아를 가르치고 이끄는 일은 쉬운 일이 아니기 때문이다. 특히 집에서나 유아교육 현장에서 특별히 대접받으며 자란 아이들은 상대적으로 남을 배려하거나 책임감을 발휘하는 데 취약하다. 이런 학생들은 시키는 대로만 하며 성장해 온 경우가 많다. 자발적으로 나서기보다는 지시를 따라가기만 한다.

유아를 가르치는 일은 교사의 창의성과 순발력이 필수적이다. 유아들의 성장 수준은 다양해 때로는 맞춤형 지도와 적절한 판단이 요구된다. 하지만 스스로 배우려 하지 않고 꾸중이나 지적을 받고 나서야 움직이는 척하는 경우도 많다. 책임감이 약하고 계산적이며 이기적이라는 평가를 받는 것도 이러한 태도 때문이다.

물론 지금의 세대와 우리가 직장 생활하던 시절은 천양지차다. 희생을 감수하며 책무를 다하려는 자세는 드물고, 주어진 일만 기계적으로 처리하려는 태도가 더 보편적이다. 동료의 업무를 돕거나 창의력을 발휘하려는 마음은 애초에 기대하기 어려울 때가 많다. 월급만큼의 일을 하고 그 이상은 하지 않으려는 태도는 합리적으로 보일 수도 있다. 하지만 교육이라는 분야에서는 하드스킬보다는 소프트스킬, 즉 재량과 자발성을 바탕으로 한 상호작용이 필수적이다. 그러나 현실은 걷던 길만 따르며 안전 제일주의에 갇혀 있다. 이를 앵무새 증후군이라 부를 수 있다.

내 주변을 돌아보아도 걱정이 앞선다. 손주들이 친구들과 어울릴 시간이 부족하다. 그들의 시간 계획을 살펴보면 대부분이 지식 습득에만 치중되어 있다. 시키는 대로 움직이며 재미없는 시간을 보내고 있다. 하지만 햇볕 아래에서 뛰어놀고, 스스로 만들어내는 재미에 푹 빠져야 하지 않을까? 넘어지며 코피도 흘리고, 때로는 붕대를 감아보는 경험을 통해 쓴맛과 단맛을 배워야 한다. 함께 어울리며 협력을 배우고, 동정심과 배려심도 익히는 시간이 필요하다.

 틀에 박힌 생활로 무엇을 배울 수 있을까? 이는 한낱 기계에 불과하다. 자율성을 훈련받을 기회를 잃어버린 채 타율적으로 움직이는 성장환경은 작은 그릇만을 만들어낸다. 익숙한 것에만 안주하려는 성향은 결국 사회 부적응으로 이어진다. "사람은 강하게 키워야 한다."던 옛 어른들의 말씀이 오늘날 더욱 절실하게 다가온다.

메모 습관

아내의 메모 쪽지가 고맙게 느껴진다. '차는 지하 2층 B구역, 자동차 키, 지갑, 전화기 챙기세요.' 부부가 서로를 배려하고 이해하며 산다는 게 당연한 일인지도 모른다. 그런데도 고마운 마음이 드는 것은 내 마음이 약해져 가는 탓이 아닐까. 나이가 적지 않은 것도 한몫할 것이고, 잦은 실수도 이유일 것이다. 이를 알고 있는 아내의 세심한 관심이 때로는 감동으로 다가온다.

아내의 출근길에 운전기사 역할을 하는 나는 종종 자동차 키를 챙기지 않거나 주차 층을 잊어버리곤 한다. 바쁜 시간에 허둥댄 적이 한두 번이 아니다. 아내로서는 이런 모습을 지켜보는 것이 답답하지만, 앞으로가 더 걱정이다. 그래서 아내는 출발 전 챙겨야 할 내용을 메모로 건네주는 습관을 들였다. 한때는 이런 행동이 간섭처럼 느껴져 화를 내기도 했지만, 이제는 고마운 마음이 앞선다. 이는 단순히 나이 때문만은 아닐 것이다.

생리학자들의 연구에 따르면 우리는 140억 개 이상의 뇌세포를 가지고 태어나는데, 이 뇌세포는 죽을 때까지 새로 생성되지 않고 점점 줄어든다고 한다. 줄어든다는 것은 곧 기능이 쇠퇴한다는 뜻이며, 나이가 들수록 기억력이 감퇴하는 현상도 이와 관련이 있다. 오랫동안 알고 지낸 지인 중 몇몇은 치매 증상이 심해 요양병원에 있거나 세상을 떠났다. 개인 차이는 있지만, 나이가 들면 기억이 흐려지고 환상에 의지해 삶을 이어가기도 한다. 뇌세포가 줄어드는 것은 환경에 적응하는 자연스러운 과정일지라도, 당사자와 주변 사람들에게는 재앙과도 같은 일이다. 다행히 이러한 현상의 속도를 늦출 방법이 있으며, 그중 하나가 바로 메모 습관이다.

메모를 통해 기억하고 이를 활용하면 삶의 활력을 얻고, 자신감을 유지하며 건전한 뇌 기능을 지속할 수 있다. 내가 반드시 해야 할 일조차도 젊었을 때의 자만심에 젖어 소홀히 했다가 실수하는 경우가 많았다. 나이가 들어 타인의 도움에 지나치게 의존하면 주변 사람들에게 피해를 주는 것은 물론, 자신의 초라한 모습에 위축되기 마련이다. 따라서 정신적, 신체적 건강을 유지하려는 노력을 소홀히 해서는 안 된다.

조금 더 일찍 메모 습관을 철저히 들였다면 삶의 질이 더 나아졌을 것이라는 생각이 든다. 사람마다 기억력의 차이가 있지만, 이를 메모로 보완하려는 노력을 꾸준히 한다면 다른 사람보다 앞설 수도 있다. 미국의 루스벨트나 영국의 처칠 같은 대 정치가와 웅변가도 철저한 메모광이었다고 한다. 점점 떨어지는 기억력은 나이가 들며 거스를 수 없는 자연의 순리다. 자괴감 섞인 넋두리를 하기보다는 메모로 보완하며 일상에서의 불편을 줄이는 것이 현명한 삶의 태도일 것이다.

  생을 마감하는 날까지 맑은 정신으로 세상을 바라보고 적응하려는 노력을 통해 품위 있는 삶을 유지하고 싶다. 어떻게 사는 것이 현명한 삶일까. 일상의 작은 일도 소홀히 하면 놓치기 쉬운 법이다. 메모가 삶의 활력이 된다면 이를 어찌 무시할 수 있겠는가.

노익장 해병

낡은 컨테이너에 해병대 마크가 선명하다. "백전노장 해병"이라는 글씨가 본업인 "열쇠·도장"보다 더 크다. 본업을 접었나 하는 궁금증에 발걸음을 멈추고 안으로 들어갔다. 동갑내기 준㐀해병 왔느냐며 노인이 반갑게 맞아준다. 컨테이너 외벽에는 또 하나의 팻말이 걸려 있었다. "지역 해병 예비역 연락처."

노인은 내게 너스레를 떨며 말했다. "자네 아들이 해병 출신이라니, 자네도 준회원이라 할 만하지 않나!"

이어지는 그의 말에는 힘이 실려 있었다. "나라 시국이 불안하다지만 정신 바짝 차리고 각자 할 일만 제대로 하면 나라를 지킬 수 있네. 국민이 나라 운명의 키를 쥐고 있으니까 말일세."

산수를 넘긴 그의 애국 충정은 여전히 빛바래지 않았다.

이 컨테이너는 아파트 단지 뒷길에 자리 잡고 있다. 한 평 남짓한 공간은 청룡부대 출신 노인의 일터다. 나는 40대 시절부터 이사를 할 때마다 열쇠를 복사하고, 아이들이 성장하면서 도장을 새길 때마다 이곳을 찾았다. 그렇게 어언 한 세대 반의 세월이 흘렀다.

호탕한 웃음을 지닌 그는 여전히 해병대의 정신으로 충만해 보였다. 다소 바랜 해병 예비군 모자와 복장은 그의 지난날을 짐작하게 했다. 그는 "도장 새기고 열쇠 복사하며 잘 살아왔노라."라고 말하며 자식들이 독립한 것만으로도 더 바랄 것이 없다고 했다. 해병대 출신이라는 긍지가 그의 삶 곳곳에 스며 있었다.

1965년, 그는 해병 청룡 선발부대 병사로 월남전에 참전했다. 호이안 지구 야간 전투 중 어깨에 부상을 입고 후송되어 제대했지만, 그의 자긍심은 여전히 현역 시절 그대로였다.

아날로그 시대에는 일이 끊이지 않아 바빴지만, 디지털 시대로 넘어오면서 여유 시간이 많아졌다고 했다. 그는 매주 화요일, 골목에서 열리는 장날마다 질서를 잡고 껄렁이들이 설치거나 술에 취해 주정을 부리면 설득해 분위기를 안정시킨다. 대부분은 그의 설득으로 해결되지만, 안 되는 경우 경찰에 연락해 상황을 마무리한다. 상인들은 그런 그를 고맙게 여긴다.

이곳은 아파트 대단지 뒤편이다. 젊은이보다는 노인들이 많이 산다. 세월이 흘러 젊은 세대는 새로운 둥지를 찾아 떠났지만, 노인들은 여전히 아날로그의 흔적인 열쇠를 더 믿는다. 그래서 그의 고객 대부분은 노인이다.

컨테이너 안은 커피 향으로 가득했다. 그는 커피포트를 준비해 놓고 찾아오는 이들에게 커피를 대접한다. 그 따뜻한 마음이 나에게까지 전해졌다.

"피로 지킨 대한민국이 자랑스럽다."는 말을 입에 달고 사는 그는 자신을 나라가 살려줬다며 생활비와 병원비 지원에도 감사해했다. 그는 "죽는 날까지 나라에 보답하며 살겠다."고 다짐했다.

아파트 뒷길은 학생들의 통학로다. 그는 든든한 파수꾼 역할을 자처했다. 주민이 열쇠를 잃어버렸다는 전화를 받으면 쏜살같이 달려가 문을 열어주거나 열쇠를 만들어줬다. 방범은 물론 자연보호 활동에도 앞장섰다. 컨테이너 한쪽 벽에 걸린 감사장과 표창장이 그의 삶을 증명하고 있었다.

지팡이에 의지한 할머니가 다가와 "해병 있는가?" 하고 물었다. 열쇠를 방에 두고 나왔다며 문을 열어달라고 했다. 그는 공구 상자를 챙겨 들고 할머니를 부축하며 나섰다. 그의 웃는 얼굴은 육십 대 못지않게 활기찼다. 봉사를 실천하며 살아가는 그의 모습은 부러움을 넘어 존경심을 불러일으켰다. 사회가 제대로 작동하는 것은 이런 민초의 힘 덕분이 아닐까. 그는 진정한 애국자이자 밝은 사회를 이끄는 해병대의 표상이었다. 그를 만나며 나는 문득 부끄러움을 느꼈다. 실천 없는 감동은 공수표에 불과하다는 것을 알면서도, 나는 세월만 낭비하며 살아온 것 같았다.

"열쇠로 잠그고 여는 건 좌우로 돌리는 차이뿐이라네." 그의 말이 새삼스럽게 다가왔다. 나도 모든 실천의 열쇠를 쥐고 있다는 사실을 새삼 음미해 보는 시간이었다.

일장춘몽

산업이 발달하며 개발 붐이 요란했던 시절이었다. 빨리 돈을 벌어 좋은 집도 마련하고, 비행기도 자주 보겠다는 나름 야무진 꿈을 꾸고 있었다. 돈이 될 만한 곳을 귀동냥하며 정보를 모았고, 통장에 숫자가 조금만 늘어나도 마음부터 호들갑을 떨었다. 퇴근 후에는 부동산 중개소를 드나들며 기웃거리기 일쑤였다. 영악한 중개인은 내 관심을 눈치챘는지 한두 마디씩 정보를 흘려주곤 했다.

아내는 돈과는 인연이 없으니 아예 관심을 끄라며 핀잔을 주었지만, 나는 미련을 버리지 못했다. 그러나 곧 귀동냥으로 얻은 정보가 결코 호락호락하지 않음을 깨달았다.

1980년대 중반, 구마고속도로가 개통되면서 나들목을 중심으로 땅값이 들썩였다. 젊은 일손은 도시로 몰리고, 농사의 기반이 점차 흔들리면서 땅 매물이 늘어나는 상황도 몰랐다.

어느 날 주말, 부동산 중개소에서 귀동냥으로 알게 된 복숭아

과수원 9천 평을 사진만 보고 덜컥 계약해 버렸다. 그리고 무척 기뻐했다. 11월 말의 쌀쌀한 날씨였던 것으로 기억한다. 부동산 중개인과 함께 새로 개통된 고속도로를 달려 나들목으로 나가, 농로를 따라 과수원으로 향했다. 계약을 마친 후 처음으로 과수원을 보러 간 것이다.

복숭아 과수원은 남서 방향으로 경사진 야산에 자리 잡고 있었고, 지세도 나무랄 데 없어 보였다. 과수는 마치 노련한 병사들이 사열을 받는 듯 가지런히 서 있었다. 과수원 남쪽에는 든든해 보이는 농막까지 있었다. 이 모든 것이 나에게는 감동으로 다가왔다. 그러나 그 감동은 오래가지 않았다. 곧 과수원에 품었던 기대가 잘못된 판단이었음을, 과수 농사에 대해 내가 얼마나 무지했는지를 알게 되었다.

과수 농사는 결코 저절로 되는 일이 아니었다. 겨울부터 거름을 주고 가지치기를 해야 했으며, 솎아낼 나무를 골라내는 등 해야 할 일이 태산이었다. 경칩이 지나며 전지하지 못한 가지에서도 물오르는 소리가 들리는 듯했다. 생동감 넘치는 가지와 꽃망울은 터질 듯 부풀어 올랐다. 그런데도 일손은 구할 수 없었다. 인근 농약사에 부탁했지만 허사였다.

직장에 다니며 주말에만 과수원을 찾았지만, 허탈감만 더해갔다. 과수 정지와 전정을 하지 않아도 화사한 꽃은 온 야산을 가득 채웠다. 손길을 주지 않아도 가지는 무슨 영화를 보겠다고 꽃을 듬뿍 피웠다. 그 모습이 안쓰럽기도 했다.

그리고 과욕을 부린 내가 부끄러웠다. 성실한 주인을 만났다면 이 나무들은 제대로 다듬어지고 보살핌을 받으며 튼실한 꽃과 열매를 맺었을 것이다. 하지만 내 손길을 받지 못한 나무들은 영양이 부족해지고 병충해에도 쉽게 노출되었다. 열매는 부실했고 상품 가치조차 없었다. 결국 그 과수원은 외면당하고 말았다.

"오르지 못할 나무는 쳐다보지 말라."는 속담이 떠올랐다. 겨우 셋방살이를 면하고 조금 안정될 무렵, 주말농장 정도를 꿈꿨던 것일까. 돈이 많았다면 시내에 투자했을 것이다. 그러나 가진 돈에 맞추다 보니 시외의 값싼 복숭아밭에 눈이 돌아갔고, 그곳에 덜컥 손을 댔다. 복숭아를 팔아 수익을 올리고, 땅값은 오를 것이며 주말이면 아이들과 농장에서 행복한 시간을 보내리라는 꿈은 물거품이 되었다.

내 분수에 넘치는 일이었다. 현실을 제대로 살피지 않고 덤벼든 투자였다. "왜 그렇게 귀가 얇냐."는 말을 들으면서, 나 자신도 어리석고 진중하지 못했음을 후회했다.

과수원 전문인조차 외면한 복숭아밭에서 멋진 농장을 만들겠다는 꿈은 현실의 높은 벽을 넘지 못했다. 이는 경험 없이 무모하게 저지른 만용이었다. 더구나 그 과수원은 이미 과수의 수명이 다해 가는 고목들로 가득했고, 새 나무로 대체해야 할 처지였다.

결국 무모한 행동은 일장춘몽으로 끝났다.

겸손

하나같이 같은 모양이 없다. 둥근 돌, 길쭉한 돌, 배불뚝이 돌들이 어우러져 목욕탕의 벽을 이룬다. 생김새는 제각각이지만, 반들반들한 표면을 보면 이 돌들이 계곡과 강바닥을 구르며 다듬어진 자연의 산물임을 짐작할 수 있다. 인위적이지 않은 모습은 친근감을 주며, 나신裸身 앞에서 묵묵히 침묵을 지키는 돌들은 겸손하고 의연하다.

중년의 배불뚝이 김 사장은 목소리가 유난히 크다. 탕의 물 온도를 좀 더 높여야 한다며 투덜거린다. 반신욕을 즐기는 60대의 두 사람은 정치인들에 대한 불만을 거침없이 쏟아낸다. 자식의 취업 문제, 결혼 이야기, 땅값으로 얻은 이익, 그리고 불경기로 어려운 장사 이야기까지, 대화 속에 인간 삶의 크고 작은 모습이 고스란히 드러난다. 별로 관계도 없는 남의 좋지 않은 이야기로 거품을 무는 사람의 말도 들린다. 왕년의 주먹왕이었다는 어깨 떡 벌어진 남성도 쉼 없이 말을 이어간다.

　이 잡다한 이야기 속에서도 돌은 조금도 흐트러짐이 없다. 고운 자태로 여기까지 와 변덕이 죽 끓듯 하는 인간을 대하면서도 의연하고 담담하다. 아무리 겉을 닦고 문질러도 속은 덕지덕지 욕심과 허영으로 가득 찬 저 군상들은 부끄러워할 줄도 모른다는 돌의 독백이 들리는 듯하다.

　돌은 자신이 흘러온 세월을 회상한다. 맑은 물이 스치며 들려주던 조잘거림이 그립다. 때로는 성난 홍수에 휩쓸려 혼미하게 굴러가던 기억도 떠오른다. 어린 물고기와 가재를 품어주던, 자연과 함께 호흡하던 시절도 있었다. 그런데 어쩌다 이렇게 번잡하고 무질서한 곳에 이르게 되었을까. 함께 떠돌던 다른 조약돌과는 "더 넓고 큰 곳에서 만나자."고 약속했지만, 지금은 그때의 객기가 아쉬움과 후회로 남아 있을 뿐이다.

　돌은 인간들의 모습을 묵묵히 지켜본다. 나신으로 드나드는 다양한 모습들, 끝없이 이어지는 말들. 허영과 변덕으로 가득 찬 인간들이 자신을 닮지 않았다며 비웃는 듯하다. "겉만 닦으면 무엇 하랴, 속은 여전히 그대로인데."

　험난한 세상 속에서도 연마되지 않은 모난 마음들이 서로를 탐색하며 기회를 엿보고, 자기 위치를 지키기 위해 큰소리를 치는 모습이 허망하게 느껴진다.

　인간의 삶은 유한하지만, 영원을 지향하는 영혼이 있지 않은가.

돌은 세속의 욕망을 떨쳐내고 침묵과 겸손으로 자연에 순응한다. 그러나 인간들은 주어진 입으로 함부로 내뱉는 말로 세상을 오염시킨다. 흥에 겨워 내뱉는 소음은 아무런 깊이도 없이 공허하게 울릴 뿐이다. 주어진 입이라고 함부로 토해내는 저급한 말은 모두를 오염시킨다. 눈치코치도 없이 흥에 겨워 주절거리는 소음에 지나지 않는 말을 듣는 것이 마음을 무겁게 만든다. 예민한 눈초리로 서로를 응시하고 기회다 싶으면 큰소리로 자기 위치를 지키겠다는 모난 마음에 식상한 돌이 아니랴.

 돌은 생각한다. "구르고 부딪치며 다듬어진 몸은 자연의 순리를 따랐을 뿐이다. 이 나신들은 언제쯤 나에게서 겸손과 침묵의 가르침을 배울 수 있을까." 인간의 마음은 가볍고 변덕스럽기만 하다. 돌의 겸손하고 묵직한 가르침을 뒤로하며 욕실을 나서는 발걸음이 유난히 무겁다.

친구가 그립다

　창 너머 운무 낀 가을 앞산이 희미하게 다가온다. 아름다운 가을의 정경을 기대하기는 아직은 이른가 보다. 이런 한적한 시간이면 뜬금없이 유소년 시절의 추억에 빠지곤 한다. 나이 탓인 듯해 씁쓸한 느낌도 있지만, 한편으로는 싫지 않음은 어인 일인지.

　나는 휴전협정이 체결되던 해에 초등학교 6학년이 되었다. 사람들은 연일 전해오는 전선의 산발적인 전쟁 소식에 긴장하며 하루하루를 살았다. 간간이 들리는 휴전 소식은 청량제 같았지만, 반대하는 사람도 많았다. 이참에 통일해야 한다는 주장이었다.

　전쟁의 참화는 농촌에도 곳곳에 남아 있었다. 담임 선생님은 전쟁에서 다친 부상 치료로 병원에 계신다고 했다. 3년 가까이 계속된 전쟁으로 두 번의 피난을 경험한 학생들은 학교 공부를 제대로 받지 못했다. 나를 포함해 중학교에 진학할 십여 명은 걱정이었다. 교장, 교감 선생님이 교대로 들어오시고 자습 아니면 운동장이나 실습지에 나가 풀 뽑고 농작물 돌보며 시간을 보냈다. 대부분 학생은 진학과는 관계없다고 생각해서인지 밖 활동을 좋아했다. 산과 들은 녹색으로 물들고 논밭에는 어린 새싹들이 몸집을 불리는 모습은 여느 때와 같았다. 그러나 풍년 들기를 바라며 들판에서 땀 쏟는 어른들의 표정은 굳어있었다.

우리는 학교 마치고 집에 오면서 냇가 근처 숲속으로 달려가곤 했다. 포탄 맞은 북한 탱크에 올라 적개심에 사로잡힌 전쟁놀이를 하기 위해서였다. 반공이 국시國是였던 시절 북한 공산당 하면 치를 떨었다. 동네 아재들 3명도 인민군에 끌려간 후로는 생사를 몰라 가족은 물론 동네 어른들의 애를 태웠다.

나는 교실에서 종수와 나란히 앉으며 친구가 되었다. 친구 아버지는 공산군이 도망가면서 끌려간 후에 소식이 없었다. 친구 어머니는 백방으로 찾으려고 했지만 허사였다. 아버지가 면사무소에서 일하며 꾸려오던 가족의 생활이 어려워졌다. 설상가상으로 어머니까지 병을 얻었다. 공부 시간에도 멍하니 교실 천장만 바라보는 친구가 너무 안쓰러웠다.

일기 쓰기는 하기 싫은 숙제였다. 어느 날 어머니가 일기장을 들추며 실망의 표정을 지으셨다. 밥 먹고 놀다 잠잤다는 글은 일기가 아니라며 다그쳤다. 성의 없이 한 숙제는 못 참겠다는 표정이 무서웠다. 그래서였던지 친구인 종수 이야기를 자주 썼다.

어느 날 친구가 아무 말도 없이 보이지를 않았다. 농번기가 되면 농사일 돕느라 교실 걸상이 몇 개씩은 비었다. 선생님도 학생들의 하루 이틀 결석에 대해 크게 신경 쓰지 않았다. 나는 결석하지 않던 친구가 궁금해 공부도 되지 않았다.

수업을 마치고 학교에서 멀지 않은 친구 집을 찾았다. 오후의 따듯한 햇살에 등이 흥건했다. 사립문을 밀치고 들어서니 멍석 깔린 뜰에서 친구 동생이 숙제한다며 책을 펼쳐 놓고 있었다. 멍멍이가 쪼르르 달려와 반갑다는 듯 꼬리를 흔들어 댔다. 형 친구임을 알고 있는 동생은 친구가 일하고 있는 곳을 가리켰다. 친구는 콩과 참깨가 심어진 꽤 큰 밭을 매고 있었다. 병색이 짙은 친구 어머니는 밭둑에 앉아 계셨다. 품삯을 받는 어머니를 대신해 힘든 일을 하는 친구가 안쓰러웠다. 먼발치에서 친구를 보고는 집으로 달려왔다.

하루는 어머니가 친구를 집으로 데려오라고 했다. 내 일기장을 보고 친구의 딱함을 아신 것 같았다. 토요일 오전수업을 마치고 안 오려고 하는 친구를 데리고 왔다. 어머니가 부침개도 해주고 쌀밥에 반찬도 새로 마련해 주어 맛있게 먹었다. 친구의 즐거워하는 모습에 웃으시던 어머니가 눈에 선하다. 친구가 힘겹게 들고 가던 보따리가 어른거린다.

친구 어머니는 "촌에서 땅 파며 목구멍에 풀칠하느니 서울 가서 빌어먹으면서라도 살아갈 길 찾아라."며 아들을 몰아붙였다. 어머니의 채근에 못 이겨 초등학교 졸업하던 이듬해 친구는 고향을 떴다. 내가 중학교 2학년 때였다.

  친구는 입지적인 인물이었다. 행방불명인 아버지를 대신해서 가장이 된 친구는 온갖 고충을 감내하며 서울에서 한약 종사자로 성공했다. 어린 시절을 생각하면서 어려움을 돕는 데에도 앞장섰다. 그러한 친구를 일찍 불러가신 하느님을 원망해 보지만, 제 운명인 것을 어찌하랴. 눈만 감으면 문득문득 나타나는 친구다.

  이제는 부모님도 선생님도 다 떠나셨다. 소년 시절의 친한 친구도 이 세상에 없다. 치열하게 살아온 삶, 고스란히 남아 있는 추억일 뿐이다. 나만이 홀로 남아 서산의 노을 바라보며 시나브로 상념에 빠지곤 한다. 운무 낀 가을 앞산이 더욱 아름답다. 고향의 숱한 사연들이 주마등처럼 스친다.

애증 愛憎

유치원 담장을 감싸며 붉게 피어난 장미꽃은 늘 사람들의 시선을 사로잡는다. 한때는 열정과 아름다움으로 담장을 수놓았던 장미꽃이었지만, 이제는 바람에 스치기만 해도 꽃잎이 우수수 떨어진다. 생명을 다한 꽃잎의 모습이 처연하지만, 어쩌면 그래서 더욱 아름답게 느껴지는지도 모르겠다.

오늘도 나는 아침 일찍 유치원 담장을 쓸고 있었다. 아이를 유치원에 데려오는 학부모들과 인사를 나누던 중, 한 할머니가 장미꽃을 물끄러미 바라보는 모습이 눈에 띄었다. 그 눈빛에는 단순한 감상이 아닌 깊은 회한과 슬픔이 묻어 있었다. 궁금증이 일어 조심스럽게 말을 건넸다.

"장미꽃이 참 아름답죠. 이렇게 붉은 꽃을 보면 마음이 따뜻해지는 것 같아요."

그 순간 할머니의 표정이 어두워졌다. 그리고 그녀는 뜻밖의 이야기를 꺼냈다. 장미꽃은 자신에게 아름다움뿐 아니라 비참했던 과거의 악몽을 떠올리게 한다는 것이었다.

6·25전쟁이 발발했던 해, 그녀의 오빠는 21살의 대학생이었다. 피난길에 오르지 못하고 원주의 고향 집에 머물던 그는 어느 날 인민군에 의해 강제 징집되었다. 얼마 지나지 않아 그는 탈출을 시도하다가 적의 총탄에 쓰러졌다. 시신을 수습하던 가족들은 오빠의 흥건한 선혈을 보며 가슴이 무너져 내렸다. 그날 이후 붉은색은 그녀에게 단순한 색이 아닌 트라우마의 상징이 되었다. 장미꽃의 붉은빛조차 오빠의 죽음을 떠올리게 했고, 그녀는 오랫동안 그 꽃을 제대로 마주할 수 없었다.

그녀의 오빠는 생전에 장미꽃을 유난히 좋아했다. 고향 집 담벼락에 피어난 장미꽃이 만개하는 계절이면, 그는 서울에서 달려와 동생들과 시간을 보냈다. 꽃이 가득한 담장 아래에서 웃고 떠들던 시절은 짧지만 찬란했다. 하지만 전쟁은 모든 것을 앗아갔다. 적군의 군복을 입고 끌려간 오빠의 삶과 꿈, 그리고 가족의 평화까지.

할머니는 오랜 세월 동안 공산당을 '빨갱이'라 부르며 저주해 왔다. 붉은색만 봐도 오빠의 비명횡사한 모습이 떠올라 마음의 문을 닫았다. 왜 공산당은 붉은색을 사랑했을까? 붉은색은 사람을 흥분시키고 대중을 선동하기 쉬운 색이었다. 전쟁 당시에도 그들은 붉은 깃발을 꽂으며 농민들의 곡식을 수탈하고 사람들의 삶을 파괴했다. 그녀에게 붉은색은 곧 상처와 억압의 상징이었다.

하지만 세월이 흐르며 할머니의 마음도 조금씩 변했다. 이제는 장미꽃을 볼 때 악몽보다 오빠와의 추억이 더 자주 떠오른다고 한다. 소녀 시절 오빠와 함께 담벼락 아래에서 꽃 향기를 맡으며 웃던 기억이 그녀를 위로한다. "장미꽃을 보면 이제는 오빠가 웃고 있는 모습이 보여요." 할머니는 작은 미소를 지으며 말했다. 붉은 꽃잎이 떨어질 때마다 그녀는 오빠를 떠올리며 여전히 그를 그리워한다.

장미의 계절과 더불어 6월 호국의 달이 다가온다. 조국을 위해 산화한 영령들을 추모하는 행사가 방영되는 것을 보며, 나는 마음이 무거워졌다. 전쟁의 비극 속에서 스러져간 꽃다운 청춘들을 떠올리며, 그들이 남긴 아픔과 희생은 여전히 진행 중임을 깨닫는다. 담장 아래 떨어진 붉은 장미꽃잎이 마치 전쟁터에서 쓰러진 청년들의 모습을 연상시킨다.

비극적인 역사 속에서도, 세월은 상처를 덮고 추억을 남긴다. 이제 장미꽃은 할머니에게 단순한 슬픔의 상징이 아닌 사랑과 그리움의 매개체가 되었다. 그 붉은빛 속에서 오빠와 함께했던 시간을 회상하며, 그녀는 다시금 미소를 짓는다. 그리고 나 역시, 조국을 위해 몸 바친 영령들의 명복을 빈다.

가을비

창을 타고 구르는 빗물을 멍하니 바라보며, 가을비는 세월의 무상함을 자극한다. 도종환 시인의 「가을비」가 떠오르며, 그 시가 나의 마음을 더욱 복잡하게 만든다. 시의 내용은 이렇게 흐른다.

어제 우리가 함께 사랑하던 자리에
오늘 가을비가 내립니다.
우리가 서로 사랑하는 동안
함께 서서 바라보던 숲에
잎들이 지고 있습니다.
언제 우리 사랑하고
오늘 낙엽 지는 자리에 남아 그리워하다
내일 이 자리를 뜨고 나면
바람만이 불겠지요.
바람이 부는 동안
또 많은 사람이

서로 사랑하고 헤어져 그리워하며
한세상을 살다가 가겠지요.

이 시를 읽으며 쓸쓸함을 달래려 했지만, 오히려 오래전 아름답지 않은 추억이 떠오른다.

반세기 전, 학군단(ROTC 3기) 군사 하계 야영 훈련을 마친 후, 2학기가 시작되면서 진로에 대한 불안감이 나를 압박했다. 졸업까지는 아직 시간이 남았지만, 취업이 어려운 시절이라 그 불안은 날카롭게 다가왔다. 그러나 저녁이면 중고등학생과 씨름하며 시간을 보내야 했다. 내 일기장에는 자신감 결여와 불안함이 가득했다. 모든 것이 두렵고 불확실했다.

그때, 성격이 정반대인 외향적이고 낙천적인 정 군과 가까워지고 싶었다. 그는 영화광이었고, 나는 그와 함께 시간을 보내며 소심한 성격을 보완하려 했다. 그러던 중, 학군단 주최의 후보생 파티에 여자 파트너를 구해야 하는 일이 생겼다. 정 군은 내가 파트너를 구하지 않아도 된다며 6촌 여동생을 소개해 주었다. 그 여대생은 활발하고 자신감 넘치는 성격이었다. 우리는 자주 다방과 빵집에서 만나 많은 이야기를 나누었고, 자연스럽게 이성 친구가 되어갔다.

내가 이상하다는 생각을 한 건 만난 지 3개월쯤 되는 2학기가 끝날 무렵이었다. 나는 만나면서도 두 마음이 오락가락했다. 여자 친구는 주말이 되면 학생 가르치는 집으로 전화를 해댔다. 막내답게 활달하고 거침이 없었다. 일주일만 안 만나면 학교로 찾아와 도서관이나 숲 벤치에서 만나곤 했다. 나뭇등걸에 걸터앉아 이양하 교수의 〈신록 예찬〉을 이야기하고, 학교 방송국에서 내보내는 베토벤의 '운명' 교향곡을 들으며 낙엽 구르는 숲길을 손잡고 걸었다.

개봉 영화관, 시내 뮤직홀 같은 데서 시간을 보내는 것이 나에게는 부담이 컸다. 소심한 나는 고민하는 날이 많아졌다. 내가 이런 성격의 여자하고 끝까지 함께할 수 있을까. 적극적인 성격을 갈구하면서도 함께할 여자는 아니라는 무의식적 결론을 내고 있었다. 만남을 줄이면서 관심이 식기 시작했다. 결국은 나의 소극적인 행동이 간극間隙을 재촉했다.

2학기 기말고사 후, 백양로에서 더 이상 상처를 주지 않겠다는 생각으로 그 여자 친구와 헤어졌다. 비록 그 헤어짐이 무의식적으로 내게 상처를 주었지만, 나는 나 자신에게 실망스러움을 느꼈다. 그 당시 나는 사랑이라는 단어를 일기장에 자주 썼지만, 그 단어 뒤에 숨겨진 나의 이중성은 더욱 괴로움으로 다가왔다.

졸업 학년이 되면서 나는 심리학 강의를 신청했다. 내 성격에 대해 이해하고 싶어서였다. 프로이트와 융의 이론을 배우면서 인간 심리에 관심을 가졌다. 종강이 다가오자, 나는 교수님을 찾아가 상담을 받았다. 교수님은 내가 지나치게 모든 짐을 혼자 지고 있다며, 그 생각을 버리라고 조언했다. 성격의 한 단면은 쉽게 고쳐지지 않지만, 개선하려는 노력이 보이니 나아질 수 있다고 말했다. 결국 나의 성격에 대한 고민은 쉽게 해결되지 않았고, 나 자신에게 실망감을 느끼며 연구실을 나왔다. 그때의 나는 절박함과 무모함이 함께했던 시절이었다.

반세기 넘은 그때의 추억이 여전히 내 마음을 뒤흔든다. 가을비가 내리면, 지나온 시간을 되돌아보게 된다. 후회는 여전히 후회로 남아 있다. 그때 그것을 선택했다면, 더 나은 삶이었을까. 그러나 가을비가 그치고 나면, 청잣빛 하늘 아래 산천은 물들어가고, 서산에 걸친 노을은 더욱 아름다워질 것이다.

37.5도가 무섭다

　전국적으로 번지던 코로나19 신규 확진자가 드디어 한 자릿수로 줄었다. 작은 불씨가 온 들판을 잿더미로 만들듯, 코로나19도 초기 대응 미흡으로 확산을 키웠다는 비판을 받았다. 특히 대구는 피해가 극심했다. 도시 봉쇄까지 검토되었지만, 성숙한 시민의식으로 위기를 넘길 수 있었다. 모든 시민이 자발적으로 자가 격리와 사회적 거리 두기에 힘쓴 결과였다. 맹렬했던 불길을 잡으며 이제 대구에서도 확진자 제로라는 희망이 보인다. 그러나 잔불을 제대로 정리하지 않으면 불씨가 되살아날 수 있듯이, 끝까지 예방수칙을 실천하며 긴장의 끈을 놓지 말아야 한다.

　코로나19로 학교가 문을 닫으면서 초등학생 손자가 자주 우리 집에 온다. 손자는 답답함을 호소하며, 체온계를 들고 와 수시로 체온을 재곤 한다. "37.5도가 넘으면 1339에 전화해야 한다!"라고 말하며 노트에 체온을 기록하는 모습이 사뭇 진지하다.

손자의 모습을 보며 내 어린 시절이 떠올랐다. 6·25전쟁이 일어난 이듬해 겨울, 피란에서 돌아오면서 동네에 홍역이 돌았다. 지금은 백신 덕분에 사라진 질병이지만, 그때는 어린이들에게 무서운 전염병이었다.

당시 돌을 갓 넘긴 여동생은 가족의 웃음과 재롱을 책임지던 아이였다. 어머니는 특히 딸에 대한 애착이 컸다. 두 번의 피란으로 건강이 악화된 몸으로 딸을 어렵게 살려냈기에 분신과도 같았다. 두 아들은 홍역을 잘 이겨냈지만, 이미 딸 하나를 잃은 어머니의 마음은 늘 불안했다.

결국 여동생도 홍역에 걸렸다. 불덩이처럼 뜨거운 몸과 붉은 발진, 그리고 혼수상태가 반복되었다. 당시로서는 찬물에 적신 천으로 열을 식히는 것이 전부였다. 어린 여동생이 숨을 헐떡이며 고통스러워하는 모습을 지켜보는 것은 악몽이었다. 가족들의 간절한 바람에도 불구하고 여동생은 별이 되어 떠났다.

그 시절 홍역은 비말이나 오염된 물질을 통해 전염되는 병으로 체온계를 가진 집도 드물었다. 손바닥으로 이마의 열을 짚어 판단하는 것이 고작이었다. 여동생의 이마를 짚으면 울음을 멈추고 눈을 감던 모습이 지금도 선명하다.

홍역은 백신 덕분에 극복되었지만, 지금 창궐하고 있는 코로나19는 변종 바이러스여서 전 세계가 속수무책으로 당하고 있다. 강도 높은 예방수칙을 지키는 것이 유일한 대책이다. 과거에는 전염병으로 인한 죽음을 운명으로 받아들였다. 그러나 이제는 국가가 책임지고 정보를 투명하게 공유하며 전염병 퇴치에 앞장선다.

손자 세대는 예방수칙을 지키고 보호받는 것이 당연한 시대를 살고 있다. 과거와 달라진 시대의 모습을 실감한다. 나의 세대가 전염병을 운명으로 받아들였다면, 손자의 세대는 과학적이고 공적인 대처를 통해 이를 극복하고 있다.

어느 시대든 전염병은 존재해 왔다. 의학의 발달로 대처가 가능해졌지만, 인간의 무분별한 환경 파괴는 변종 바이러스를 만들어내며 재앙을 초래한다. 이번 코로나19 사태도 그런 인과응보라는 지적을 피할 수는 없다. 하지만 예방수칙만 잘 지킨다면 확산을 막을 수 있다. 백신 개발 소식도 들려오니, 답답한 상황 속에서도 희망을 품어본다.

사람과의 접촉을 피하라며 37.5도를 두려워하는 손자의 모습은 현실을 반영한 것이다. 오늘도 사회적 거리 두기를 실천하며 손자와 함께 집에 머문다.

눈치

 봄이 활짝 웃으며 다가오는데, 불안감은 여전히 마음 한구석을 짓누른다. 보이지도 않는 코로나19 바이러스가 세상을 멈춰 세울 기세다. 아파트 스피커에서 울리는 "외출을 삼가고 위생 수칙을 잘 지키자."는 안내방송이 귓가를 맴돌지만, 마음은 무뎌진다. 창밖에는 가지마다 새 생명이 움트며 자연의 합창이 귓전을 간질이며 유혹한다.

 대구는 외부에서 보기엔 무슨 사달이라도 난 것처럼 시선이 곱지 않음이 감지된다. 국내외 뉴스에서 연일 대구의 확진자 수가 치솟는 소식을 전하며, 도시는 더욱 적막해졌다. 자식들이나 지인들에게 걸려 오는 전화는 아내가 도맡아 받는다. "사람 많은 곳에 가지 말라."는 문자 메시지도 잇따른다. 주말 오후, 자식들과 영상통화로 한바탕 수다를 나눈 아내가 봄을 만나러 가자고 한다. "사람 만나는 것도 아니니 눈치 볼 일 없다."며 기운을 차리는 모습에 나도 따라나섰다. 답답함을 탈출하려는 이들이 어디 우리뿐이겠는가.

차창 너머로 산수유가 활짝 피어 반긴다. 모진 겨울을 이겨내고 노란 꽃을 피운 모습이 생기롭다. 성주읍 '성밖숲' 공원에 들어서니, 평소 사람들로 붐비던 넓은 공간이 한산하다. 정문 옆 공원 생태 박물관 건물은 닫혀 있고, 마스크를 쓴 노인 몇몇이 공원 주위 의자에 앉아 볕 바라기를 하고 있다.

백천 물길을 따라 부는 바람이 옷깃을 여미게 하지만, 오백 년이 넘었다는 왕버들 숲은 가지마다 연녹색 새싹을 틔우며 봄의 약동을 알린다. 노거수 왕버들 주변으로는 관리인들이 나무를 지탱하기 위한 지주대를 세우고 마른 가지를 제거하느라 분주하다.

우리 부부도 봄 분위기를 실감하며 햇볕이 드는 왕버들 주위 의자에 앉았다. 우리 옆으로 노부부가 다가온다. 지팡이에 의지해 걷는 남자 노인의 걸음걸이가 힘겨워 보인다. 안노인은 이 좋은 봄날 방 안에 두 늙은이 얼굴만 쳐다보며 앉아 있으려니 얼마나 갑갑하고 따분한가. 사람 만나는 건 피하라면서, 그래도 운동은 해야 한다는 자식들의 전화 등쌀에 매일 나와서 봄을 즐기는 게 건강하다는 징조가 아니냐며 웃는다.

안노인은 왕버들의 모습이 마치 자신들과 같다고 한다. 울퉁불퉁한 몸통과 여기저기 덧댄 흔적이 왕버들의 상처를 닮았다며, "우리 부부의 자화상 같다."라고 말한다. 몇 년 전 태풍으로 잘려

나간 큰 가지를 보며 안타까워하는 그의 말에서 왕버들에 대한 애정이 느껴진다.

왕버들은 자연의 순리를 따르며 수백 년을 견뎌냈다. 성주읍으로 밀려오는 사나운 물길을 몸으로 막아내고 맑은 공기를 공급하고 여름이며 시원한 그늘로 힘든 삶의 땀을 식혀주던 숲이다. 매년 잎을 틔우며 생명력을 보여주는 왕버들을 보며, 안노인은 자신의 삶을 떠올린다고 한다. 올해 미수라는 그는, 왕버들의 왕성한 기운이 자신에게도 전해지길 바란다며 "왕버들이 태풍도 잘 이겨내고 늘 왕성한 모습으로 이 숲을 지켜줘야 이 늙은이들이 그 기운을 받아 힘을 얻고 건강을 지키고 싶다는 바람을 가져 본다."는 안노인의 말이 진지하게 다가온다.

오 헨리의 마지막 잎새가 떠오른다. 담쟁이덩굴의 마지막 잎에 삶의 희망을 건 존시처럼, 안노인도 왕버들의 생명력에서 용기를 얻는 듯하다. 왕버들의 푸른 기운이 그의 얼굴에 화색을 더해주는 것만 같다.

왕버들은 상처투성이지만, 자연의 섭리를 거스르지 않고 반 천 년을 살아왔다. 긍정적이고 희생적인 생명력으로 고난을 이겨내며 지금까지 버텨온 것이다. 코로나19로 사람들의 발길은 줄었지만, 머지않아 왕버들 아래에서 다시 사람들이 모여들 날이 오리라.

왕버들에 작별 인사를 건네며, 다시 자연과 사람이 어우러지는 봄날을 기다린다.

마파람이 달다

고가도로 밑을 스치는 한 줄기 마파람이 달콤하다. 색이 바랜 봉고차 한 대가 스르르 다가와 멈춘다. 부부로 보이는 노인이 조심스럽게 내린다. 차 뒷문이 열리자 수북이 쌓인 붉은 복숭아가 웃음 짓고 있다. 서두르지 않는 노부부의 표정에 세월의 흔적이 고스란히 묻어난다.

농사일이 힘들어진 노부부는 농토를 처분하고 텃밭에 복숭아나무 십여 그루를 심었다. 과수 재배에 전문 지식이 있었던 것도 아니다. 자식을 키우듯 나무와 대화를 나누며 정성을 다한 세월이 십여 년이 흘렀다. 이른 봄이면 무릉도원처럼 화사했고, 여름이면 붉게 익어가는 복숭아가 삶의 풍요로움을 선사했다.

노부부는 아침부터 탐스럽게 익은 복숭아를 수확해 고가도로 아래 교차로 한편에 자리를 폈다. 할아버지는 복숭아를 나르고, 할머니는 선별해 상자에 담는다. 노부부의 이마에 흐르는 땀을 마파람이 살포시 훔치고 지나간다. 웃음기 어린 얼굴은 복숭아를 닮았다. 이 자리에서 삼 년째 판을 펼치다 보니 단골도 생겼다. 흰색 승용차가 다가오더니 중년 여성 두 명이 한 상자씩 실으며 미소를 남긴다. "물 찬 제비 같다."는 할머니의 표현이 정겹다.

할머니의 입담은 구수하다. 나는 시간 가는 줄 모르고 빠져든다. 농약을 쓰지 않고, 해충이 달려들면 두 노인의 손으로 직접 처리했다는 이야기에 "쯔쯔"를 반복하며 웃는다. 해충에 시달린 복숭아는 지나가는 이들이 맛보도록 바구니에 담아두고, 칼과 둥근 간이 의자까지 준비해 두었다. "벌레 먹은 복숭아가 더 달다."는 말에 웃음이 번진다.

내가 생뚱맞게 말했다. "한꺼번에 수확해 공판장에 넘기면 목돈을 쉽게 챙길 텐데 왜 이렇게 사서 고생을 하세요?" 할머니는 "저렇게 눈치 없는 말을 한다."며 나를 흘겨본다. "한꺼번에 넘기고 나면 두 늙은이가 무슨 재미로 살겠어요? 시원한 굴다리 아래서 마파람 맞으며 사람 만나는 재미가 우리 행복이라오."

할머니는 사람이 다가오면 십년지기나 만난 것처럼 말을 건넨다. 팔려는 건 뒷전이다. 옆에 앉아 있는 할아버지는 슬쩍슬쩍 끼어들고 싶어 하지만, 할머니의 목소리에 묻히기 일쑤다. 그래도 할아버지 얼굴에 번지는 미소는 노부부의 금실을 고스란히 보여준다.

할머니는 선별한 복숭아를 몇 개씩 모아 깔개 위에 널어놓는다.

나는 그 모습을 보며 삼국지 속 도원결의를 떠올린다. 생면부지의 세 호걸이 복숭아밭에서 술잔을 기울이며 의형제의 맹세를 맺는 장면이 떠오른다. "세 개의 복숭아는 크기도 비슷하고 한 나무에서 났으니 형제라오." 할머니의 주름진 얼굴에 웃음기가 가득하다.

불그스름한 복숭아의 기를 받은 걸까, 아니면 자식을 돌보듯 정성을 쏟으며 닮아간 걸까. 할머니의 골 진 얼굴에 흘러내리는 미소는 복숭아처럼 맑고 싱그럽다. 할아버지는 말없이 복숭아를 바라본다. 자식처럼 키운 분신을 떠나보내는 허전함이 섞여 있는 듯하다. 하지만 복숭아 사주는 사람들의 밝은 표정을 보면 덩달아 미소를 짓는다.

잘 익은 복숭아 한 쟁반이 놓인 거실은 한 폭의 정물화 같다. 고흐의 복숭아가 아니더라도, 복숭아는 그림의 훌륭한 모델이 될 만하다. 완성된 그림이 벽에 걸리면 비록 복숭아는 사라져도 그 형상은 길이 남으리라.

가족들이 둘러앉아 여름 과일 복숭아를 나눠 먹으며 이야기를 나누는 모습은 할머니에게 평화다. 복숭아는 꽃 피는 순간부터 과일로 입에 들어가기까지 웃음과 행복을 선사한다. 복숭아나무를 돌보며 결실을 통해 노년의 행복을 붙잡는다는 할머니의 말은 진지하다.

나는 할머니를 바라보며 작아짐을 느낀다. 은퇴 후 보람 있는 삶을 살겠다고 입버릇처럼 말해왔지만, 아직도 나는 여기저기 떠돌며 나를 제대로 알지 못하고 있다. 팔십여 번의 사계를 보냈으면서도 내 일기장에는 칙칙한 기록만 남아 있다.

  노부부가 복숭아와 함께 만들어가는 행복이 싱싱하게 느껴진다. "관심과 정성을 쏟는 만큼 보답한다."는 그들의 평범한 말을 새기며, 마파람의 시원하고 달콤한 바람을 다시 한번 느껴본다.

거리 두기

　소슬바람이 일렁이는 평일 오후, 공원을 찾았습니다. 가을은 마치 구름을 타고 바람에 실려 우듬지로부터 오는 듯합니다. 형형색색으로 물드는 잎들이 살랑거리며 한때의 영화를 아쉬워하는 것 같습니다. 일정한 거리를 유지하며 각자의 품새를 뽐내는 나무들이 오늘따라 특별하게 보입니다.

　잎 사이로 스며드는 햇살은 아직 따갑습니다. 그늘로 드리운 운동기구에 매달려 보지만, 지친다는 생각이 듭니다. 마스크 때문이라 원망하기보다는 나이 탓이라며 스스로 다독입니다.

　공원 내 의자에는 노인들이 하나씩 전세를 낸 듯이 앉아 있습니다. 파고라pergola 아래에는 여자 노인 서너 명이 거리 두기를 하며 이야기를 나누고 있습니다. 마스크를 쓴 초등학생 서너 명은 야구놀이에 비지땀을 흘리고, 어린이집 가방을 멘 유아는 종종걸음으로 엄마를 따라갑니다. 마스크를 쓴 모습이 대견하고 귀엽습니다.

불편한 마스크는 나만을 위한 것이 아님을 깨닫습니다. 서로를 배려하는 마음이 자연스레 묻어납니다.

'거리 두기'는 이제 생활이 된 것 같습니다. 공원 곳곳에 놓인 긴 의자들은 예전 같으면 두세 사람이 앉아 이야기꽃을 피웠겠지만, 지금은 모두 떨어져 앉아 있습니다. 마침 빈 의자가 보여 다가가려던 찰나, 삽살개를 데리고 나온 중년 여성이 더 빠르게 자리를 차지합니다.

지팡이에 의지하며 일어서는 노인이 보입니다. 해병 표시가 선명한 모자를 쓴 그의 모습에서 긴 세월을 버텨온 흔적이 느껴집니다. 그는 역전의 용사처럼 조용히 공원을 빠져나갑니다. 거리 두기로 인해 말을 걸기조차 조심스러운 분위기가 아쉽습니다.

우듬지 위로는 뭉게구름이 푸른 하늘을 가로지르며 유유히 흘러갑니다. 창공을 자유롭게 누비는 구름이 부럽습니다. 바이러스와 독감이 동시에 유행할 것이라는 걱정스러운 기사를 떠올리며, 이 아름다운 자연을 마음껏 누리지 못하고 마스크와 거리 두기로 쓸쓸함을 느껴야 하는 현실에 허탈감이 밀려옵니다.

내가 앉은 잔디밭 건너편, 육십 대 남자가 의자에 앉아 붉게 물드는 잎에 시선을 맞추며 고개를 젖히고 있습니다. 과거의 화려한 순간들을 떠올리는 걸까요? 아니면 만나지 못하는 사람들과 마음으로 재회하며 기쁨을 나누는 걸까요? 거리 두기로 인해 멀어지기 쉬운 세상이지만, 마음의 거리는 좁혀야 한다는 생각이 듭니다.

쓸데없이 아무 상관 없는 사람들에게 관심이 가는 것은 내 마음 한구석이 비어있다는 신호일지도 모릅니다. 입이 막혀 있으니, 눈만 바빠지는 것 같습니다. 지나가는 사람들, 강아지를 데리고 나온 사람들, 운동기구에 매달린 사람들을 이리저리 살핍니다. 의자에 앉은 대부분은 노인들이고, 그들은 핸드폰을 보는 대신 조용히 앉아 있습니다. 그들은 무슨 생각을 하고 있을까요? 바이러스와 감기를 이겨낼 방도를 고민하는 걸까요, 아니면 자식과 가족의 안위를 걱정하는 걸까요? 혹은 글을 쓰는 이라면 새로운 소재를 찾으려 눈을 감고 있는 것일지도 모릅니다.

거리 두기를 강조하는 문자가 또 날아옵니다. 자주 오는 문자지만 여전히 예민하게 받아들여집니다. 나이가 들어 순응하며 생활하는 데 익숙해졌지만, 만남을 꺼리게 하는 이 훼방꾼도 언젠가 인간들의 지혜에 두 손 들 날이 오겠지요.

거리 두기로 소원해진 마음을 운동기구에 매달리며 추스릅니다. 우듬지 위로 흘러가는 흰 구름이 평화로워 보입니다.

삶의 무게

　폐지 나오거든 연락해 달라는 전화번호를 눌었다. 칠십 대 안노인이 짐수레를 끌고 왔다. 주섬주섬 폐지를 챙기는 얼굴이 밝아 보였다. 폐지 수집하는 분들이 대게는 노인들이라 힘들어 보여서였던지 밝은 얼굴에 나도 덩달아 미소를 지었다.
　오늘은 재수가 좋은 날이라며 아침부터 바쁘게 움직였다고 한다. 원단 가공공장에서 폐지 상자 한탕을 처분하고 온다며 웃는다. 내 보기에 별로 근력이 좋아 보이지도 않은데 짐을 계속 잰다. 바퀴만 굴러가면 폐품 수집처가 멀지 않아 괜찮다고 한다. 오늘은 모두가 가볍게만 느껴진다며 밝은 표정이다. 안노인의 말이 멈추지 않는다.
　영감이 죽을병은 아닌데 일손을 놓고 들어앉아 있다. 방구석에 함께 있는 것보다는 움직이는 게 속이 편해 오전 오후 동네를 돌며 폐지 수집을 한 게 5년이 된다. 자식 하나 있는 것도 힘들게 살아가는데 어찌 손 벌리랴. 두 늙은이 약값 벌려고 부지런히 움직인다. 가끔은 산다는 게 힘겹다고 생각해 소침한 때도 있지만 수레 끌고 나서면 다 잊고 폐지만 보인다니 이것도 팔자인가 싶기도 하다. 이제는 폐지 모아 놓고 기다려 주는 사람도 있고, 전화 연락해 주는 이도 있는데 어찌 게으름을 피우랴.

 학교 파하는 시간대면 손주 같은 학생들이 밀어주고 지나가는 젊은이도 거들어 주어 감사하다며 폐지 수집하는 일이 외롭지만은 않다는 안노인이다. 가끔은 우울할 때도 있단다. 이면도로에서 조심조심 수레를 끌고 오다 보면 지나가던 승용차 창문이 열리며 불쾌한 인상을 짓는 사람을 대할 때는 하루 내내 마음이 무겁다. 주택가 이면도로는 인도와 차도 구별이 없고 주차가 무질서해 차도로 끌고 갈 수밖에 없는데 방해된다고 볼멘소리 하는 운전자들이 종종 있다네요.

 찻길 방해하자고 그러는 건 아니지. 운전자도 바쁘게 살아가는 몸 아니랴, 수레 뒤를 따라오려니 어찌 조급증이 안 나겠는가. 내가 진즉 알아차리고 널름 피해주었으면 좋았으련만 워낙 둔해서 벌어진 일 누구를 원망하랴. 그래도 마음이 섭섭한 건 사실이다. 그저 살아가는 방법만 다를 뿐 양보하고 이해하며 한발 물러서면 될 일, 그게 바로 마음 상하지 않고 상생하는 방법일 텐데 하며 잊어버린단다.

 마트 앞에 다가오니 모아 놓은 폐지 상자가 기다리고 있다. 주인이 주섬주섬 챙겨 실어주며 수레를 밀어주는 배려에 넘넘한 내 모습이라니 이제 마음도 무디어졌는가. 감사해야 할 일인데 왜 이럴까. 남 보기에는 하찮은 일인지 몰라도 나는 절대로 그렇게 생각하지 않으려 마음먹고, 오늘까지 버티어 오지 않았는가. 자부심이랄 건 없어도 내 운명이고 가진 능력대로 사는 방법이라며 기꺼이 받아들이는 것이다. 큰 보람은 느끼지 않더라도 세상에 나 같은 일하는 사람이 필요한 구석이 있는 것도 사실이다. 그러니 나를 찾는 사람도 있고 불러주는 이도 있어 보람도 느끼고 감사함도 보낼 수 있는 일이 아니던가. 그러니 내가 위축될 일은 아니라며 조금은 보람도 가져보는 것이다.

  가족을 위해 희생의 시기를 이어오고 있지만, 실의에 빠지거나 남을 원망하고 싶은 생각은 없다. 내 어찌 올려다보며 살겠는가. 늙어가는 사람만큼 인생을 사랑하는 사람도 없다지 않은가. 비록 육체를 쓰는 일이라서 힘은 부치고 저녁이면 비몽사몽 잠자리에 들지만, 훌훌 털고 나서면 다 잊어버리니 내 팔자인가 하는 것도 주제넘은 일은 아닐 것이다.

  비록 몸은 늙고 마음이 약해지는 건 사실이다. 그래도 아직은 흐트러짐 없는 자세로 가족과 나 자신을 위해 보람 있는 일이라는 마음이 있는 게 얼마나 다행인가. 주위에 따뜻한 시선과 도움 주는 이들을 위해 마음으로나마 감사함을 보내는 것 또한 살아있음의 징후일 것이다. 수레 짐이 무거운들 감사하는 마음이 달려

불으면 더욱 가볍게 느껴지고 가족의 얼굴이 환하게 다가오니 내 어찌 힘들다 하겠는가. 그래서 내 노년은 힘겹긴 하지만 내 나름의 보람으로 오늘도 이겨내고 있음이다. 안노인의 넋두리가 귓전을 울린다.

미소

지하철은 사람들로 붐벼야 제격이다. 목적지를 향해 바삐 움직이는 이들의 모습과 표정은 각양각색이다. 정면을 응시하는 사람, 고개를 숙여 아래를 바라보는 이들, 옆으로 시선을 돌리는 사람이 있는가 하면, 눈을 마주치며 미소를 보내는 이도 있다. 누가 더 호감이 갈까. 물론 미소 지으며 내 눈 응시하는 사람들이다. 보기도 좋고 친절함이 다가와 좋다.

산책 중 이름 모를 꽃과 마주치면 자연스레 눈길이 가고, 대화라도 나누고 싶은 마음이 인다. 호젓하고 쓸쓸한 산길에서 홀로 자태를 뽐내며 눈길을 기다리는 꽃, 그 밝고 화사한 미소에 발걸음을 멈추고 오래도록 함께하고 싶어진다.

90년대 초반 뉴욕시 한 대학에서 일 년간 연수하던 때의 주말로 기억이 난다. 뉴욕 맨해튼 6번가에서 70번가까지 걸은 적이 있다. 지리적 호기심을 채우고자 마천루의 숲을 지나면서 여러 상점과 볼거리를 구경하며 걷기로 마음먹었던 기억이다. 다양한 인종이 모여드는 도시답게 사람들의 복장이며 모습을 보는 것이 흥미로웠다. 동양인인 내가 혼자 걸으며 마주하는 사람들의 표정이 밝고 잔잔한 미소를 띠고 있지 않은가. 처음에는 호감을 보이는 건가 하는 생각도 했지만, 그게 그 사람들의 문화라는 사실을 알게 되었다. 낯선 이에게 건네는 하나의 예의 표현인 듯했다. 우리 현실에서는 보기 드문 광경이라 신기하고 의아한 마음이 들었다. 서양인들은 표정으로 말한다는 글을 읽은 기억을 떠올리면서 대부분 사람이 마주 보면 미소 짓거나 밝은 표정을 보이는 게 여유와 마음의 평화가 아닌가 해 부럽기도 했다.

비누나 향수는 사용 전에는 단순한 물건에 불과하다. 그러나 그것이 자아내는 분위기는 사용하는 사람에 따라 달라진다. 미소 또한 마찬가지이다. 상대를 바라보며 보내는 미소는 향기가 풍긴다. 비누나 향수와 같이 은은하게 다가온다. 물론 비웃음도 있다. 그건 특정한 경우일 것이다. 눈 마주치며 따뜻하게 다가오는 미소는 친절함의 향기다. 그 여운은 몸으로 스며들며 오래간다.

웃음은 전염성이 강하다. 내가 지어 보낸 미소는 자연스레 상대의 미소로 되돌아온다. 미소 속에는 선함이 자리한다. 가식 없는 미소는 천사의 얼굴과도 같다. 미소 짓는 얼굴은 타고난 것일까. 후천적으로 얻어진 결과이다. 마음이 평화롭고 배려성이 있어야 미소가 다가온다. 악의가 있거나 마음이 불편한데 어찌 미소가 지어지겠나.

  우리 얼굴에는 미소 짓는 근육과 찡그리는 근육이 반반씩 공존한다고 한다. 평소 긍정적이며 마음이 평화로우면 찡그리는 근육이 미소 짓는 근육으로 바뀐다고 하지 않는가. 반대로 불만이나 부정적인 생각에 사로잡히면 찡그리는 근육이 더욱 확대되어 웃음기가 사라진다고 한다. 미소 지음도 내 감정과 생각이 어떠냐에 따라 표정이 달라짐을 이르는 말이다.

  나의 경우 어려서 어머니가 자주 병석에 누우시며 우울한 날을 많이 보냈다. 그러한 여파인지는 모르겠으나 얼굴이 밝지 않다는 말을 가까운 사람에게 종종 듣곤 했다. 그래서 거울을 보며 표정 관리를 위해 노력해 보지만, 생각처럼 밝은 표정을 짓기가 쉽지 않다. 이 나이에도 밝은 얼굴을 지닌 사람을 보면 부러워하는 게 사실이다.

  가슴을 열고 진정한 마음으로 다가가는 삶이 일상화될 때 표정도 밝아지고 미소도 그려진다. 마음을 여는 것이 우선이다. 마음의 창문을 열어야 시원한 바람도 들어오고 따뜻한 햇볕도 들어올 것이다. 호젓한 숲길에서 이름 모를 꽃이 건네는 미소처럼, 만나는 사람마다 잔잔한 미소로 다가가는 일은 얼마나 환상적인가. 그래야 메마른 가슴이 따뜻한 온기로 젖어 들고 표정이 밝아지며 주위에 미소가 넘쳐날 것이다. 그야말로 살맛 나는 세상이 아니겠는가.

④
내 인생 부록

자유의 몸

 세파世波에서 벗어난 자유의 몸이다. 앞만 보고 달려온 세월의 아쉬움과 허전함을 달래고 싶었다. 국내외 여행을 자유롭게 다니고 싶다는 평소의 바람이 현실이 되었다. 한편으로는 새로운 삶의 전환점에서 활력을 얻고자 하는 강한 욕구도 있었다. 이제는 시간만 남았는데 뭘 그렇게 서두르느냐며 시큰둥해하는 아내의 반응도 흘려버렸다. 함께해 주기를 바라지만, 스스로 매인 몸이라 여겨 외면하는 그녀의 마음을 알기에 홀가분하게 나섰다. 조급한 마음이 서두름이 되었다.

 아름다운 저녁노을을 뒤로하며 출발한 비행기는 나리타공항을 경유해 미국 서부의 청정도시 시애틀 공항에 도착했다. 공항 밖으로 나오니 해는 중천에 떠 있었고, 바다를 스치며 불어오는 4월의 해풍은 차가웠다. 이제부터는 바람처럼 자갈밭에도 부딪히고 벼랑 바위에도 스치며 헤쳐 나가야 한다. 서두름은 뒤로하고 마음을 다잡고 나아가야 한다. 조직의 틀에 익숙했던 경직된 사고에서 벗어나 유연한 마음의 자유를 찾아야 한다.

2개월간 체류할 숙소를 정한 뒤, 스타벅스 1호점이 있는 파이크 플레이스 마켓을 찾았다. 예상대로 관광객들로 붐볐다. 해변 공원의 난간 근처 의자에는 몇몇 노인들이 앉아 있었다. 멀리 수평선 너머 오색빛 노을에 정신을 빼앗긴 듯 하늘을 바라보고 있었다. 비둘기들은 옆에서 종종거리며 함께하자고 재촉했고, 갈매기들은 머리 위를 날며 까악거렸다. 이 모든 것이 허전한 마음을 달래주기에 충분했다.

스타벅스 원조 커피를 한잔하겠다고 족히 이십여 미터는 되는 줄에 서서 기다리는 여유도 자유를 만끽하는 푸근함으로 다가왔다. 저마다의 멋에 모여든 사람들, 반짝이는 눈빛들, 종종걸음으로 지나가는 발걸음까지 모든 것이 흥미로웠다. 멀리 수평선 위로 걸린 해는 비단 천에 싸인 듯 서쪽 하늘을 곱게 물들였고, 해무 짙은 바다는 철썩거리며 열정을 과시했다.

커피 한 잔을 받아 들고 난간에 기대어 풍경을 바라보았다. 모든 것이 낯설어 마음과 몸이 긴장된 상태였다. 옆 의자에 앉아 아름다운 노을을 바라보던 백인 노인이 주름진 얼굴을 들어 나를 보고 미소를 지었다. 나도 맞장구를 치며 미소를 보내니, 그가 자기 의자로 오라며 손짓을 했다. 낯선 이방인이 두리번거리는 모습을 흘끗흘끗 보며 관심을 가졌던 것 같다. 이곳 시장에서 생선 비린내를 맡으며 반세기를 보냈고, 이제는 여유롭게 앉아 사유를 누리지만 마음 한구석은 불안하다는 노인이었다. 일을 놓은 지 십여 년이 되었다며 억지로 웃는 모습이 어딘가 쓸쓸해 보여 더욱 관심이 일었다. 서두를 일이 없었기에 그의 곁으로 다가앉아 이야기에 귀를 기울였다.

석양을 바라보는 그의 눈빛에는 깊은 사연이 담긴 듯했다. 그가 젊었을 때 서부 지역의 큰 어시장은 고깃배들로 넘쳐났고, 비린내가 하늘을 덮었다. 추억을 더듬는 그의 모습에서 세파에 찌든 세월이 느껴졌다. 어눌하지만 힘을 주어 말하는 발음에서 더 큰 친근감이 들었다. 내 서툰 영어를 조롱하는 것 같으면서도, 그의 진정성이 느껴졌다. 아마도 그 역시 외로움을 달래려는 마음이었으리라.

초면의 외국인에게 자신의 이야기를 털어놓는 것은 쉽지 않을 텐데, 그는 어찌 이리도 마음을 열었을까. 내가 그의 말벗이라도 된 것일까. 서툰 발음의 대화에서 무슨 재미가 있었겠느냐마는, 우쭐해진 내 마음은 그와의 대화를 즐기고 있었다. 마음이 자유로우니 모두가 말벗이자 친구라는 것을 그가 이미 터득했으리라.

노인은 아내가 하늘나라로 떠난 뒤 허전함을 달래려 배낭을 메고 여행을 다녔다고 했다. 그러나 이제는 더 다닐 힘이 없어 공원에 나와 추억을 더듬으며 세상을 바라보는 날들을 보낸다고 했다. 한때는 자유로움에 도취하기도 했지만, 그것이 사는 과정이라고 생각하기에는 너무 낭비였고, 지금은 후회로 남는다고 했다. 팔부능선에서 돌아보는 삶을 아무 일 없었다는 듯 털어낼 수 있을까. 몸은 불편해도 마음만은 건강하다며, 커피 향과 음악이 있는 이 공원에 매일 나오게 된다고 했다. 억지로 웃는 그의 얼굴에서 쓸쓸함이 배어 나왔다.

 나 역시 얽매이던 생활에서 벗어나 홀가분한 마음으로 배낭을 메고 이곳까지 왔다. 하지만 앞으로의 길을 그려보면 방금 만난 노인의 삶과 다르지 않을 것 같았다. 비슷한 나이대지만, 그는 지나온 삶의 추억을 곱씹으며 소일하고 있었다. 반면 나는 심신이 아직 건강하다며 사치스럽게 여행을 다니고 있지만, 이 또한 낭비일지 모른다.

 '여행은 단순한 공간의 이동과 전환이 아니라 사고와 영혼의 전환이다.'라는 프랑수아 모리아크의 말이 와닿는다. 온몸으로 자유의 날개를 펼치고 싶어 광기에 가까운 열망으로 여행을 시작했지만, 잔잔한 바다에도 파도가 이는 것처럼 날마다 가슴 떨리는 새로운 경험을 만나고 싶었다. 파도처럼 부딪히고 흩어지며 가벼워지는 삶. 자유로운 여행을 통해 내면을 돌아보고 심기일전의 계기를 만들어야겠다는 마음은 여전하다.

심기일전 心機一轉

고등학교 시절, 등하교 때마다 산을 돌아 이십 리 길을 걷는 게 지겨웠다. 나를 포함해 몇몇이 산을 넘는 직선의 지름길을 냈다. 지각하지 않으려고 산을 오르고 내려 달리며 자연스레 길이 만들어진 것이다. 고갯길이 좀 험하긴 했지만, 거리와 시간이 크게 단축되었다. 우리는 '비호같이 올라 쏜살같이 내려 달리자'를 구호로 삼았다. 패기 넘치던 고등학생 시절이라 가능했으리라.

나는 장딴지에 알통이 배기고 숨이 턱까지 찼지만, 폐활량이 늘고 몸이 튼튼해진다는 말에 고무되었다. 지금까지 제대로 된 운동 한번 없이 건강을 유지하고 있는 것도, 청소년 시절 고개를 넘나들던 덕분이라는 생각이 들면 저절로 미소가 지어진다.

그런데 문득 글쓰기에도 지름길이 없을까 하는 엉뚱한 생각이 떠오를 때가 있다. 좋은 주제나 소재를 찾느라 골머리를 앓아도, 막상 자판을 두드리면 생각이 중구난방으로 흩어져 엉망이 되기

일쑤다. 내가 인생을 짧게 살거나 경험이 부족해서는 아닐 것이다. 짧으면 짧은 대로, 경험의 깊이나 넓이와 상관없이 모든 흔적이 글의 주제요 소재가 아니던가. 꾸미는 재주가 미천하고 심안心眼이 부족하다는 건 일찌감치 깨달았지만, 더욱 후회되는 것은 좋은 글을 많이 읽지 못한 것이다. 설상가상으로 세월은 기억을 흐리게 하고, 때로는 지워버리려 하니 의기소침해질 때가 많다.

많이 읽고, 많이 쓰고, 깊이 생각하는 것이 좋은 글쓰기의 비결이라지만, 그것이 어디 그리 쉬운 일이던가. 먹고살기 바쁘다는 핑계로 해찰하며 살아온 과거가 어리석게 느껴진다. 무거운 책가방을 들고 구호를 외치며 고갯길을 오르내리던 그 열정을 흉내 내보려 하지만, 훼방꾼 같은 나태함이 앞서 달려들어 결국 주저앉고 만다. 그러다 문득 인생무상人生無常을 되뇌곤 한다.

보름달이 지붕 위로 떠 오르면 어머니는 장독대에 정화수 한 그릇을 올려놓고 기도를 올리셨다. 어린 나는 그 모습을 보며 '그런가 보다' 했지, 왜 그러시는지 궁금해하거나 질문을 던진 기억은 없다. 보름달이 감나무 가지에 걸리고, 달님이 나를 보고 웃는다는 기미조차 알아차리지 못했다. 정월 대보름이 되면 떡 시루를 올려놓고 온 가족의 무병장수를 기원하던 의식이 끝난 뒤, 집집이 떡 사발을 돌리던 풍경도 그저 당연한 일로 여겼다. 달님이 길을 밝혀 줄 테니 밤길이 무섭지 않다던 어머니의 말도 무딘 내 감각에는 크게 와닿지 않았다.

어린 시절의 경험이 심층 어딘가에 저장되어 지금의 나를 조종한다고 한다. 하지만 무감각하게 지나친 것에서 정감이나 감동을 기대할 수 있겠는가. 산을 넘으며 학교에 다니던 그 열정으로 인생의 지름길만을 찾으며 살아온 내 모습이 떠오른다. 어영부영하다 은퇴를 맞이했고, 결국 글쓰기라는 동아줄을 붙들고 있는 지금의 나.

"바라보는 대로 만물은 변한다"고 했다. 글쓰기는 여유의 산물이라 했고, 누군가는 글쓰기는 도道를 닦는 일이라 표현하기도 했다. 썩은 동아줄이 되지 않으려면, 여유와 기다림으로 마음을 유연하게 만든 후라야 글이 나올 것 같다.

가우디의 작품에는 직선이 없다고 한다. 곡선이야말로 신의 것이라 했다. 사람답게 산다는 것도 결국 굽어지는 법을 배우는 일일 것이다. 지각하지 않으려고 산길을 오르내리던 그 패기는 직선의 지름길을 달렸던 것과 다름없다. 하지만 항상 지름길만 찾으며 욕망의 노예로 살아온 몸은 어느새 걸림돌이 되어 심층 어딘가에 박혀버린 듯하다.

이제는 모든 것을 품고 가야 할 시점이 멀지 않았다. 삶을 되돌아보며 반성할 수 있다는 것이 사람이다. 오늘 내가 있는 이 자리에서 최선을 다하며 사랑하며 살아야 한다. "운명은 스스로 노력하는 자의 편이다"라고 하지 않았던가. 속도가 느리고 감수성이 경직되었으며 진부해졌다고 해서, 동아줄을 놓을 수는 없다. 괴테가 『파우스트』를 완성한 나이가 일흔을 넘긴 후였다는 사실이 용기를 준다.

한 해가 저물 무렵, 오히려 노을이 아름답지 않은가. 글쓰기는 좋은 인생과의 만남이라 했다. 직선의 지름길이 아닌, 곡선의 여유와 기다림으로 눈물과 기쁨이 깃든 글을 쓰고 싶다. 심기일전하라는 말이 마음을 파고든다.

어영부영하다가

　나이 탓일까. 가끔은 뜬금없이 지나온 삶의 면면을 돌아볼 때가 있다. 만족스러움보다는 아쉬움이 더욱 다가온다. 삶의 과정에서 짚고 넘어야 할 일은 부지기수였다. 어영부영하다가 주변만 돌았지, 똑소리 나게 일을 처리한 기억이 별로 없다. 그러니 내가 잘 살아왔다고 하기보다는 후회가 더 많은 삶을 산 것 같아 씁쓸하다.

　지금까지 좋은 일이든 나쁜 습관이든 중독될 정도로 열중해 본 적이 없다. 시험공부는 물론 책을 읽기 위해 밤을 새운 기억도 별로 없다. 직장생활을 하면서도 일중독Workaholic이라는 소리를 들을 만큼 열정적으로 일한 것 같지 않다. 부전자전이었을까. 호불호가 갈리는 술이나 담배도 많이 했다. 그런데도 후유증이 아직은 보이지 않으니 천만다행이랄까.

　이른 아침 동네 공원으로 산책을 나섰다. 남녀 노인들이 게이트볼 경기를 하고 있었다. 허리는 굽고 걷는 속도는 느렸지만, 열정이 넘쳐났다. 공을 앙증맞은 골대로 밀어 넣는 모습이 예사롭지 않아 보였다. 지나치면서 본 적은 있어도 이렇게 유심히 살펴본 것은 처음이었다. 노인들을 위한 운동답게 규칙은 간단하고, 몇 팀이 함께 즐기기에 좋은 운동처럼 보였다.

어릴 적 구슬 따먹기를 하던 추억의 한 장면이 성큼 다가왔다. 승부에 집착하며 친구들에게 화를 내기도 했던 기억이다. 그런데 이 노인들은 있는 힘을 다하면서도 공이 골대로 들어갈 때는 칭찬과 박수를 아끼지 않았다. 집중하면서도 즐기는 여유가 달인을 만드는 것 같았다. 남녀가 짝을 이루어 공을 치는 모습도 보기 좋았다.

허리가 구부정한 한 여성 노인에게 물었다. "공을 치신 지 몇 년이나 되셨기에 그렇게 잘하시나요?" 그녀는 오 년째라며, 이제는 중독이 되어 나오지 않으면 병이 날 지경이라고 했다. 주름진 얼굴에는 자신감이 넘쳐 보였다.

그 말을 들은 나는 지금까지 헛살아온 것 같은 자괴감마저 들었다. 중독이라 불릴 만큼 무엇 하나에 몰두해 본 적이 없으니 말이다. 그저 평범한 삶. 이제 와서 후회한들 이미 지나간 버스에 손을 흔드는 것과 같을 뿐이다. 그러면서도 한편으로는 여전히 미련을 움켜쥐고 있는 나 자신을 보며 움찔했다.

어영부영하는 버릇은 여전한데, 특히 글을 쓸 때 더 드러난다. 컴퓨터 자판 앞에 진득하게 앉아 머리와 가슴, 그리고 손끝까지 하나 되어 갈고 다듬어도 어려운데, 어찌 된 일인지 머리는 딴생각, 손은 엉뚱한 곳을 누른다. 그러니 번갯불에 콩 구워 먹듯 쓰게 되어 날림 글이 되고 만다. 이제는 나이까지 합세해 글 같은 글을 기대하기는 어려운 게 아닌가 하는 생각이 든다.

아내와 둘이 살다 보니 우스갯소리로 '마당쇠' 노릇을 해야 한다. 특히 어영부영하는 청소 탓에 얼굴이 찡그려질 때가 많다. 나는 '했다'는 데 방점을 찍는데, 아내는 꼼꼼히 털고 문지르는 과정을 중시한다. "과정이 중요한 거지, 어째서 '했다'는 게 대수냐."며 어영부영하는 습성은 이제 내려놓으라고 핀잔을 준다. 멋쩍은 웃음을 지어 보이지만, 속내는 편치 않다.

평생 어영부영하며 살아온 게 마음에 걸린다. 최선을 다하지 못해 입은 손실이 얼마였던가. 이를 지켜본 아내 앞에서는 입이 열 개라도 할 말이 없다. 이제라도 후회하는 모습에 진정성이 묻어난다면 진전이 아니겠는가.

친구는 말한다. 어영부영 살아왔기에 정신건강에 도움이 되어 지금도 남다른 건강을 유지하는 거라고. 듣기 좋은 말임을 어찌 모르랴.

누군가는 말했다. '젊음은 알지 못한 것을 탄식하고, 나이 듦은 하지 못한 것을 탄식한다.'고. 늦었지만, 그간 글쓰기라도 하는 내가 천만다행이 아닌가. 온 힘을 다할 수만 있다면 얼마나 좋을까. 조급함도 무디어지고 과분한 욕구도 조절할 수 있는 나이가 아니던가.

산수傘壽가 넘도록 굴곡진 길을 달려왔다. 그 과정에서 쌓인 보잘것없는 경험, 지식, 의지를 바탕으로 어영부영하며 쓰는 글이 내 안의 타자를 위로할 수 있을까. 살아온 타성으로 보아 중독의 경지를 바라는 건 당치도 않다. 다만 바람이 있다면, 늙음에서 오는 여유로움으로 글쓰기를 계속해 보는 것이다. 어영부영의 반대말이 성공이라고 한다. 진즉 깨닫지 못한 삶이 부끄럽게 다가온다.

여행에서 배우는 즐거움

들뜬 마음을 안고 떠나는 것이 여행이 아니던가. 겨울방학을 맞아 손주들과 일본 여행을 했다. 비행기에 오르자, 학창 시절이 떠올랐다.

고등학교 시절 경주로의 졸업 여행을 앞두고 흥분된 마음에 밤잠을 설쳤던 기억이 났다. 신라의 천년고도, 책과 이야기로만 접했던 그곳을 직접 보게 된다는 사실이 믿기지 않았다. 그리고 난생처음 타보는 관광버스, 덜컹거리며 먼지를 일으키며 남쪽으로 달리는 버스 안에서 창밖의 풍경에 매료되어 눈을 떼지 못했던 추억이 생생하다.

그런데 초등학교 저학년인 손주들은 이상하리만큼 차분했다. 이미 몇 차례 해외여행을 다녀온 덕분인지, 흥분보다는 저희끼리 시시덕거리는 모습이 더 눈에 띄었다. 그래도 일본은 처음이라 호기심을 보이는 모습에 안도했다.

우리는 인공섬 위에 만들어진 간사이 공항에 도착했다. 오사카와 약 40km 떨어진 이 공항은 1980년대 내가 직접 업무로 방문했던 곳이다. 하지만 많이 달라진 풍경에 어리둥절했다. 공항을 나서면서 중국 관광객의 숫자가 많아 놀랐다. 한국행 대신 일본으로 방향을 바꾸었다는 얘기를 듣긴 했지만, 국민의 여행까지 통제하려는 체제의 속 좁음이 떠올라 기분이 씁쓸했다.

손주들은 육지로 연결된 3.7km의 긴 다리를 달리는 리무진 버스의 창밖 풍경을 카메라에 담느라 여념이 없었다.

여행의 매력은 '낯섦'이다. 오사카 시내의 번잡한 도톤보리와 신사이바시 거리는 새롭다기보다는 더욱 세련된 모습으로 단장되어 있었다. 사람이 모이면 경기가 살아난다더니, 상점마다 북적이는 모습을 보며 '이웃사촌이 땅을 사면 배 아프다.'는 말이 괜히 생긴 게 아니라는 생각이 스쳤다.

우리 가족 일곱 명은 인파 속에서 길을 따라 걸었다. 잘 정비된 수로와 떠다니는 유람선은 사람들을 끌어모았다. 손주들의 성화에도 배 타는 일은 뒤로 미루고 스시 전문점에서 신선한 회를 맛보았다. 먹는 즐거움도 여행의 중요한 일부라며 즐겁게 권하는 아내의 말에 동의하며, 주머니를 챙기면서도 웃음이 먼저 나왔다.

아내는 무릎이 걱정되어 걷는 것이 조심스러웠지만, 손주들 덕분인지 즐거운 표정이었다. 스파월드에서 온천욕을 마친 후 근처 식당에 들렀다. 사람이 많은 모습에 괜찮은 식당인가 싶어 들어갔지만, 담배 연기가 자욱했다. 손주들 앞에서 체면이 구겨졌고, 아내의 나가자는 성화에 오코노미야끼(파전)를 포장해 나왔다. 늦은 저녁 호텔 방에서 낯선 음료수를 곁들여 가족 파티를 열었다. 여행의 즐거움은 우연히 찾아오는 데에 더 짜릿한 흥미가 있는 것 같다.

다음 날 교토로 향했다. 교토는 손주들에게 경주와 비슷한 오랜 수도라며 기대를 심어 주었다. 버스에서 내리자마자 손주들은 질문을 쏟아 냈다. 관련 책을 읽고 안내서를 봤다지만, 오래전 일이라 나 역시 새로 배워야 할 처지였다. 현지 가이드의 조리 있는 설명에 안심하며 손주들의 질문은 그에게 맡겼다.

교토는 오사카와 달리 고풍스럽고 차분하면서도 기품이 넘치는 인상을 주는 도시였다. 1980년대보다 더 정제된 느낌에 감탄이 절로 나왔다. 청수사로 향하는 언덕길은 돌길로 바뀌었고, 양 옆 가게들은 전통미와 현대미를 살려 들어가고 싶은 마음을 나게 했다. 일본인의 전통을 중시하는 국민성이 상점마다 녹아있어 300년 이하 된 가게는 가게로 치지 않는다는 말이 실감 났다.

교토에서는 기모노를 입은 여성들이 자주 눈에 띄었다. 나이 지긋한 분들뿐 아니라 젊은 여성들까지 2~3명이 모여 슬리퍼를 끌고 조심스럽게 걷는 모습이 이 도시의 고풍스러움을 더했다.

청수사는 교토의 2,000개가 넘는 절 중 가장 대표적이다. 8세기에 지어진 이 절은 못 하나 쓰지 않고 지어진 건물로, 국보이자 세계문화유산으로 등재된 일본의 자존심을 상징한다. 건강, 사랑, 학문을 증진한다는 세 개의 물줄기를 품은 연못의 물맛은 청량감을 더해줬다.

여행 마지막 날, 오사카의 상징인 천수각이 있는 오사카성으로 향했다. 임진왜란의 원흉이 지은 성이라 마음이 복잡했지만, 손주들의 역사교육을 위해 관람했다. 넓은 해자(연못)는 여전히 푸르고 천수각 외곽에 금박으로 장식된 범은 여전히 위용을 자랑했다. 일본으로서는 추앙받는 유산이지만, 내게는 씁쓸함이 가득했다.

손주들은 섬세하게 일본의 질서와 문화를 살폈다. 거리에 담배꽁초와 휴지가 없고, 상점 간판은 작게 통일되어 있었다. 버스 안에서는 TV를 켜지 않는 등 그들의 생활 방식을 흥미롭게 관찰했다. 여행은 일상에서 벗어나 기쁨을 느끼는 순간이다. 새로움을 보고 배우며 마음에 각인되는 것이야말로 가장 소중한 여행의 의미일 것이다. 언제나 그렇듯이 돌아서면 만족보다는 미련과 아쉬움이 남는 법이다.

석굴암 가는 길

여행은 언제나 설렘을 동반한다. 아내는 어젯밤 늦게까지 여행 준비에 분주했다. 폭염 속에서 노약자에게 외출을 자제하라는 경고가 있었지만, 우리는 그 경고를 무시한 채 친구 부부와 함께 경주로 여행을 떠나기로 했다. 여행 계획의 첫 번째 목적지는 석굴암이었다.

아내는 내가 운전하는 걸 달가워하지 않았다. 자주 대중교통을 이용하자고 말하곤 했지만, 이번에는 말이 없었다. 그저 차창 밖의 뜨거운 열기만이 느껴졌다. 에어컨은 더위에 지친 듯 시원한 바람을 내뿜지 못하고 있었다. 옛날 같으면 "고려장" 감인 노인들 아닌가. 세월을 잘 만나 운전대 잡으며 호강을 누리고 있다는 생각이 들었다. 서두를 필요도 없이 안전이 우선이라는 마음으로 천천히 가기로 했다.

차 옆에 앉은 친구는 좌우로 주변을 살피며 안내를 해주고, "안심하고 운전하라."며 격려해 주었다. 친구는 운전대를 놓은 지 오래되었다. 나도 해가 지날수록 운전이 힘들어졌고 시야도 명확하지 않다. 터널을 지나면서 시계가 흐려져 더욱 긴장감이 감돌았다. 나이가 얼마인데 운전하며 여행하는 것이 좀 무모할 수 있지만, 그래도 모든 것이 감사할 따름이다.

"약 몇 가지씩 챙겨도 두 다리 멀쩡하고, 구경할 체력이 있다는 것에 늘 감사하며 살아야지."

친구의 말에 모두가 고개를 끄덕였다.

우리는 숲을 지나 토함산을 향해 차를 몰았다. 자동차로는 처음 가보는 길이었다. 석굴암으로 가는 길은 그동안 살아온 세월만큼이나 굽이굽이 이어져 있었고, 산허리를 돌며 오르는 도로는 생각보다 더 버겁게 느껴졌다. 청설모는 소나무 가지에서 우리를 지켜보며 서두르지 말고 쉬어가라는 듯이 응시하고 다람쥐는 바위 위에서 우리를 바라보며 눈을 맞추자 했다.

팔부능선쯤 마련된 주차장에 도착했다. 눈 아래 펼쳐진 푸르른 숲은 동해로 이어져 경계가 뚜렷하지 않았다. 그 광경을 바라보며, 부처님의 말씀이 들려오는 듯했다. "속세의 먼지와 번뇌를 떨쳐 버리고 가벼운 마음으로 오라."

고등학교 시절, 나는 수학여행을 왔을 때 불국사 아래의 여관 마을에서 묵었었다. 그때 동해의 일출을 보러 새벽에 산길을 올랐다. 그때의 호기심 가득했던 기대감을 떠올리면 미소가 지어진다.

힘들게 가파른 산길을 올라와서 본 건 붉은 하늘이었다. 구름과 해무가 해를 가렸기 때문이었다. 그때는 차로 오를 수 있는 길이 없었지만, 지금은 자동차 도로가 만들어져 정상까지 가는 게 쉬워졌다.

정상에 도달하려는 도전은 일행들의 체력이 부족하여 포기하고 석굴암으로 발길을 돌리기로 했다. 석굴암으로 가는 길은 가파르지 않았지만, 그럼에도 길게 느껴졌다. 흙길을 잘 다져 놓고, 곳곳에 간이 의자들이 놓여 있어 쉬면서 걷기에 편리했다. 그런 의자들이 반갑고 고맙게 느껴졌다.

오랜 세월을 지나온 소나무들이 위풍당당하게 하늘을 받치고 있었다. 그 사이를 지나며 숲속의 고요한 터널을 걷고 있었다. 그 순간, 부처님의 자비심이 새들의 소리까지 멈추게 한 것 같았다. 사람들의 발소리만이 들리며, 우리는 석굴암에 다가가고 있었다.

석굴암은 동해를 바라보며 토함산 중턱에 자리 잡고 있다. 몇 번째 방문이었지만, 여전히 많은 사람이 붐비고 있었다. 국보 제24호로, 세계문화유산에 등재된 석굴암은 그 자체로 많은 사람들의 호기심을 자아낸다. 석굴암은 신라의 재상이었던 김대성에 의해 전생의 부모님을 위해 세운 것이라고 전해진다. 부모님을 위한 사랑과 존경의 마음이 그토록 깊었기에, 찬 돌을 깎아 만든 부처님의 상에 자비와 진리의 혼을 담았을 것이다.

부처님 앞에 서자 자연스레 두 손이 모아지고 고개가 숙어졌다.

자식으로서 부모님에게 제대로 된 도리를 다하지 못한 죄책감이 밀려왔다. 그때, 부처님의 미소가 나를 따뜻하게 바라보며 위안을 주는 것 같았다. 종교는 다를지라도, 그 진리와 위안을 주는 방식은 인간의 본성을 아우르는 것임을 느꼈다.

내 인생 부록

　아내는 연말이 다가오면 가계부가 부록으로 붙은 잡지를 산다. 잡지 내용도 읽겠지만, 덤으로 따라오는 가계부는 일 년 내내 생활비 입출금은 물론 가정사의 기록장으로 활용한다. 잡지사로서는 부록으로 판매를 늘리고 애독자들에게 필요한 부록을 덤으로 제공해 보답하는 의미도 있을 것이다.

　나도 요즘 내 삶이 월간지 부록처럼 덤으로 산다는 생각을 한다. 평균수명을 넘기고 있어 이제는 선택받은 삶이라 할 수 있다. 남은 삶은 하늘이 내려준 덤이며 부록이기 때문에, 그 삶을 잘 가꾸고 감사하며 살아야 한다고 생각한다.

　가르치는 일을 떠난 후, 건강을 챙기며 배낭여행을 버킷리스트 첫 번째로 삼았다. 평생 해온 일에 대한 보상으로, 자유롭게 살아보자는 얕은 생각도 있었다. 삶의 굴레에서 벗어나 조금 더 자유롭게 살아보려고 했던 마음도 한몫했다.

몇 년을 여러 나라를 돌아다니며 여행하면서 한번은 런던에서 서울에 사는 육십 대 후반의 여행자와 이야기를 나누었다. 그는 주유소를 몇 개 운영하다 자식에게 맡기고 몇 년째 해외여행을 하면서 이제는 싫증이 난다고 했다. 인생 후반부가 중요하다는 생각이 들면서도, 계속 여행에 매달리는 것이 무모하다고 느끼며 무엇을 해야 할지 고민 중이라 했다. 그때, 나도 여행에 피로감을 느끼고 있어 그와 공감하며 며칠을 함께했다.

여행은 낯선 곳에서의 긴장감이 따른다. 경비도 신경 써야 하고, 건강도 유지해야 한다. 펍에 앉아 맥주잔을 기울이며, 인생 후반기를 보람 있게 보내려면 어떤 일을 해야 할지 의기투합했다. 낯선 사람과의 만남은 여행의 매력 중 하나였다. 그 여행자의 친구는 공무원으로 은퇴한 후, 덤으로 주어진 여생을 위해 글쓰기를 시작했다고 했다. 그는 글쓰기와 책 읽기에 빠져 여행에는 관심이 없다고 했다며, 나에게도 한번 생각해 보라고 웃었다.

그 말을 들은 나는 여행보다는 다른 사람의 글을 읽고 글쓰기를 해야겠다는 생각이 들었다. "은퇴는 쉬는 것이 아니라, 새로움을 만드는 것"이라는 글을 본 생각이 나고, 한편 "해보겠다는 용기를 내는 게 우선이다."라는 글을 본 기억도 떠올랐다. 덤으로 주어진 부록 같은 여생을 글쓰기로 가꾸겠다는 생각을 굳혔고, 여행에서 돌아오면서 제일 먼저 자서전 글쓰기 반을 찾았다. 평범한 삶을 살아왔지만, 그 여정을 정리해 보고 싶었다.

자신 없는 글을 쓰기 시작하면서, 다른 사람의 글을 읽고 쓰는 연습을 했다. 그렇게 글을 써 가며 책을 읽다 보면 시간이 어느새 훌쩍 지나간다. 책상 앞에 앉아 자판을 두드리며 글을 읽고 쓰는 것은 과거의 추억을 되새기며 사고를 확장하는 일이었다. 잊고 지냈던 감각들이 떠오르고, 그 속에서 기쁨과 슬픔을 함께 나누며 공감했다. 누군가는 책을 "가장 가까운 영혼의 빛"이라고 했는데, 나도 그 말에 공감하며 글쓰기에 시간을 쏟았다.

　이제까지의 삶과는 다른 길을 걷는 느낌이 들었다. 그동안 갖지 못했던 겸허함과 감사함이 다가왔다. 본 책에 덧붙은 부록처럼 여생을 가꾸기 위해 글쓰기를 시작한 것이 천만다행이며 축복임에 감사했다.

　요즘 나는 "바쁘다!"라는 말을 자주 한다. 주위에서 "그 나이에 바쁠 일이 뭐가 있냐."며 놀리기도 하지만, 글쓰기로 바쁘다는 사실을 부정할 수 없다. 덤으로 주어진 여생을, 인생의 부록처럼 글쓰기로 가꾸고 있다. "글쓰기는 삶이고, 삶은 생각이며, 생각은 더없는 가치"라는 말이 내 삶을 더욱 풍요롭게 한다. 나의 가치를 높이려면 필요한 것은 저절로 따라온다고 믿는다. 부록이 때로 본문보다 더 유용할 수 있듯, 내 여생도 그렇게 채워나가고 있다.

　오늘도 나는 바쁘게, 덤으로 주어진 삶을 살며 어눌한 글이지만 쓰기를 이어가고 있다.

낙엽은 지고

 낙엽이 길 위를 구르고 추적추적 이슬비까지 내리는 11월 초 집을 나섰다. 고향을 지키던 집안 조카의 장지에 가기 위해서다. 손아래 항렬이라 만나기만 하면 아저씨 오셨냐며 반가워하던 얼굴이었다. 말년에 병원 신세를 지긴 했어도 미수까지 살았다. 영원한 이별인데 어찌 슬픔인들 없으랴.
 관을 벗어던진 삼베 두른 육신이 땅속으로 들어가는 걸 보면서 오만 가지 생각이 스친다. '무상함이여!' 누군가 한탄 조로 읊조린다. 영혼이 떠난 육신은 진토 되어 자연의 모습으로 돌아갈 것이다. 덩그러니 남는 건 잔디로 단장된 몇 평의 묘역에 봉분이 모두다. 뚝뚝 떨어지는 낙엽이 허전한 마음을 더욱 움츠러들게 한다.
 가톨릭교회는 11월을 '위령성월'로 정하고 세상을 떠난 이들을 위해 특별히 기도한다. 10세기경부터 이어오는 영원한 삶의 믿을 교리에 바탕을 두고 있다. 하느님 나라는 그리스도를 머리로 하는 하나의 공동체이며 산 이와 죽은 이도 공동체의 구성원이다. 공동체의 주인이신 하느님 앞에서는 시간과 장소는 무의미하다. 가톨릭 사생관은 '죽음은 끝이 아니라, 새로운 삶으로 나가는 관문'이기에 산 이들의 슬픔은 이별에 대한 아쉬움일 뿐이다.

누구나 죽음을 피할 수는 없다. 죽음은 하나의 신비이다. 많은 사람이 죽음과 사후세계에 대한 말을 여러 방식으로 전해주고는 있지만, 상상에 지나지 않는 이야기이다. 어려서 죽음은 저승사자의 안내로 염라대왕 앞으로 나아가 심판을 받고 천당이나 극락 아니면 지옥으로 간다는 민간 신앙에서 유래된 말을 믿었다. 샤머니즘이 판을 치던 시대에도 불교나 기독교의 영향을 받아 천당이며 극락이 회자된 듯했다.

세례를 받고 교회의 가르침에 따라 죽음에 대한 교리를 받아들이며 의문이 조금은 풀렸다. 가톨릭교회에서 죽음은 내 삶의 의미를 종결짓는 최종적인 사건이고 영원한 세계로 들어가는 문이다. 육신은 흙으로 돌아가고 영혼은 심판받는다. 개별적으로 받는 심판은 생전의 공과나 이웃사랑 실천에 따라 천국, 연옥, 지옥으로 갈린다. 이를 사심판이라 한다. 그리고 언제 올는지는 모르지만, 세상 끝나는 날에 산 이와 죽은 이들이 심판받아 다시 태어난다고 하는 것을 공심판이라 한다. 이 세상 끝나는 날에 심판으로 다시 태어나 천국에서 하느님과 함께하는 삶이 구원의 삶, 영생의 삶이며 부활한 삶이라고 가톨릭의 '믿을 교리'는 가르치고 있다.

한편 살아생전 지은 잠벌暫罰이 있으면 연옥으로 가 단련을 받고 천국으로 가게 되는데, 산 이들의 기도가 힘이 된다고 한다. 신자들은 그리스도의 지체라는 유대감에서 세상을 떠난 이들을 위해 기도하며 하늘나라의 성인들에게도 간구한다.

11월은 여기저기서 낙엽이 나뒹구는 깊은 가을이요, 한 해의 끝자락으로 나아가는 달이다. 한때 왕성하게 푸름을 자랑하던 잎들이 퇴색되어 떨어지는 모습은 죽음을 연상하게 하지만, 한편 새로움의 시작이기도 하다. 머지않아 남풍과 더불어 새 생명이 피어날 것이기 때문이다.

우리의 삶도 언젠가는 모든 걸 내려놓고 떠난다는 건 불변의 진리다. 나는 어떠한 모습으로 심판대에 설까. 흙으로 돌아갈 육체 제대로 부리며 이웃사랑 실천에 소홀했던 지나온 여정이 마음을 흔든다. 영원의 문턱이 머지않았다. 새삼스럽게 다짐한들 육신이 삐걱거린다. 주위에 부담되지 않고 아량과 배려로 마무리되는 삶이 되었으면 싶다.

떠나간 영혼을 위해 기도하고 하느님께 간구하는 건 산 이들의 몫이다. 산 이들 기도 안에서 죽은 이와 함께함이 그리스도의 사랑이요, 은총이다. 죽어도 죽지 않음이며 영원한 삶의 구현이다. 오늘 떠난 조카도 함께했던 사람들의 마음 안에 오래 기억되리라. 조카의 영원한 안식을 비는 마음이 무겁지 않음이다.

산림욕

여행은 설렘이다. 주말을 맞아 자녀들과 함께 국립자연 휴양림으로 떠났다. 코로나 이후로 가족이 모두 모여 함께 가는 여행은 처음이라 더욱 기대되었다. 우리 내외는 먼저 휴양림 숙소에 도착했다. 여기저기서 자식들을 거느리고 찾아오는 가족들의 모습이 활기차고 기분 좋게 보였다.

휴양림은 가지산 자락 깊은 숲속에 자리 잡은 국가 운영의 힐링 공간이다. 휴양림이 힐링에 좋다는 말을 들었지만, 실제로 체험해 보기는 처음이라 기대가 컸다. 천여 미터가 넘는 산 계곡에서 흘러내리는 물소리는 오랜만에 듣는 자연의 멜로디처럼 상쾌했다. 5월의 싱그러운 숲속에 비친 햇살이 포근하게 따뜻하고, 철쭉을 날아드는 나비들의 군무를 보며 감탄이 절로 나왔다.

이곳은 700여 종의 동식물이 분포한다고 한다. 그런데 놀랍게도 소나무는 보이지 않았다. 송홧가루에 예민한 작은애가 걱정하는 소리를 들으며 나도 소나무를 찾았지만, 한 그루도 발견하지 못했다. 5월, 소나무는 송홧가루를 배출해 주변을 혼란스럽게 만든다. 대신 노각나무, 사람주나무, 비목, 층층나무, 서어나무 등 다양한 나무들이 하늘을 향해 우뚝 솟아 있었다. 졸참나무, 느릅나무, 쪽동백나무, 산벚나무, 당단풍도 뒤지지 않는다. 정말 나무의 백화점 같았다. 산림청 연수원을 중심으로 아름드리나무 사이로 2킬로미터 가까운 나무 테크 길을 걸으며 발이 호사를 누렸다.

울창한 숲속에서는 이름 모를 새들이 고요함을 깨우는 소리를 내고, 나무 사이로 미풍이 스쳐 지나며 5월의 싱그러운 잎들이 살랑댄다. 햇살이 스며드는 모습에 눈이 부셨고, 심호흡을 하니 얽힌 감정들이 정화되는 듯 마음이 편안해진다.

연수생들이 있어야 할 건물은 한적하고, 안내 팻말만이 쓸쓸히 서 있는 걸 보니 코로나 여파로 여기가 한동안 사람들로 붐비지 않았다는 느낌이 든다. 테크 길을 걷다가 '뱀 주의'라는 팻말을 보고 섬뜩해지기도 했다.

밤이 되자 별을 보고 싶다는 아이들의 말에 나도 함께 나섰다. 도심에서는 볼 수 없는 많은 별이 밤하늘에 펼쳐져 있었다. 가끔 별똥별이 떨어지기도 해 아이들과 함께 감탄을 연발하며, 도심에서 느껴보지 못한 신비한 경험을 했다. 도시는 공기오염이 심하고, 밤에도 불빛이 밝아 별을 보지 못하는 것이 현실이다.

어린 시절 마당에 깔린 멍석에 누워 밤하늘을 바라보며 별자리를 찾고 별똥별에 감탄했던 기억이 떠오른다. 그때 어른들에게 별똥별이 떨어져 집에 불이 나고 사람도 죽었다는 이야기를 듣고 무서워했던 기억도 있다. 그때의 별하늘을 다시 보며 느꼈던 감정은 서글픔이었다.

어렸을 때 숲에서 뛰어놀며 숲의 고마움을 모른 채 지냈는데, 오늘 숲을 다시 보며 신선함과 새로움을 선사받는 느낌이 든다. 철학자 하이데거의 말처럼, '숲은 고향'이었다. 그 숲과 함께한 유소년 시절이 있었기에 오늘의 건강이 있지 않을까 싶다. 그 고마움을 느끼며 숲속에서 보낸 짧은 시간이 너무나 소중하게 다가왔다.

표리부동 表裏不同

 씁쓸하고 떨떠름한 뒷맛이 몸을 뒤틀리게 했다. 아파트 담장 근처에 주인 없는 큰 살구나무 한 그루가 있다. 잎에 가려 잘 보이지 않던 살구가 6월에 접어들면서 주황빛을 띠더니 말경에는 짙은 오렌지색 열매가 주렁주렁 자태를 뽐냈다. 주위가 온통 밝아 보이는 장관을 이루었다. 군계일학이랄까. 지나는 사람마다 감탄하며 다른 나무들은 쳐다보지도 않았다. 보기만 해도 군침이 돌며 자기도 모르게 손이 가는 모양이다. 가지가 늘어질 정도로 많이 달려 손만 뻗치면 딸 수 있다. 주인 없는 살구지만 주위를 흘금흘금 살피며 따는 모습이 훔치는 기분이어설까. 손에 넣고 먹어보는 사람은 모두 상을 찡그렸다. 속았다는 표정이 각양각색, 훔쳐보는 재미가 쏠쏠했다.
 이제는 살구가 약한 바람에도 뚝뚝 떨구며 길에 구른다. 나도 과일이라며 관심 가져 주기를 바라지만 구실 못 해 외면당하는 것이다. 살구나무가 어떻게 해서 여기에 자리 잡았는지 잘 모른다. 먹고 던진 살구씨가 발아되어 자란 것이라는 짐작은 간다. 아파트 단지 조성이 30년 가까이 되니 살구나무 수령도 크기로 보아 그 정도 됨직하다. 접붙이지 않고 자연 발아된 살구는 개살구가 된다고 지나가던 노인이 귀띔해 준다. 그러면서 살구씨도 모으면 돈이 되는데 한다.

　살구나무가 연분홍 꽃을 소담스럽게 피우면 아름다운 봄이었다. 행화촌다운 분위기를 자아냈다. 그림을 남기려고 전화기를 꺼내는 사람도 보이곤 했다. 그런데 열매인 살구 맛을 본 사람들은 개살구라며 외면한다. 길거릴 굴러 발에 밟히면 움찔거리고 나무를 보며 지나간다. 이미 과일 자격이 없음을 아는 것이다.

　'빛 좋은 개살구'라는 속담이 있다. 겉만 보고 판단하지 말라는 말이다. 내용보다는 겉 포장이 요란하다든지, 진실을 호도하기 위해 사탕발림 말을 쏟아 내는 홍수 속에 살아가고 있는 세상이 아닌가. 어디 그뿐이랴. 가진 것 머리에 든 건 없어도 치장이나 외모 가꾸기에 허구한 날 허비하는 속물들이 넘쳐나지 않는가. 우리 사는 모습이라 하지만, 피곤한 건 사실이다.

　내가 살아온 길이 짧지 않다. 아니 아주 길다. 산수傘壽가 넘고 있는 연륜이 어찌 짧다 하겠는가. 앞날이 멀지 않음인지 되돌아보는 일이 가끔 있다. 이 나이가 되면 인생 정리도 하면서 잘 살아왔노라고 쾌재도 부를 나이 아닌가. 아무리 짚어보아도 후회가 더 크게 다가온다. 겉만 그럴싸하게 포장하면서 내면을 채우지 못한 삶이다.

　글 쓴다며 뛰어든 문학동네, 동행해 달려가기를 바라지만 워낙 글 씀이 지진遲進해 주변만 겉도는 몰골 아닌가. '일만 번의 법칙'이라도 실현해 보겠다는 각오로 달려들어야 하거늘 이탓저탓으로 날만을 채워 가고 있어 답답한 지경이다. 심층에서 솟아나는 글이 되지 않아 주변만 기웃거리는 글에 이제는 나도 식상이 되는 꼴이다. 내가 글 쓴다고 여기저기 기웃거리고 나서본들 속내가 넓어지고 주옥같은 글발이 나오는 것 아니리라. 이제야 깨우치는 몰골에 다행이라는 말조차도 사치가 되는 현실이 서글퍼짐을 느낀다. 표리부동에 대한 반성이랄까.

　계속 쌓여온 잘못된 습관, 행동은 주저 없이 바꾸고 현재의 나, 달라진 나로 바꾸면 과거와 현재 미래가 어우러져 새로운 분위기로 변신해 남은 여정 후회 없는 마무리 될까. 겉모습보다 내면이 중요함을 깨우치면서도 실천이 미치지 못하는 게 흠이었다.

　살구씨가 돈이 된다는 말을 들으면서 어릴 적 몰래 살구 서리하던 생각이 났다. 읍내에서 한약방을 하는 아들에게 준다며 살구씨를 모으던 할아버지는 살구는 따 먹더라도 씨는 모아오라며 너그럽게 용서해 주셨다. 그 당시에는 약재료가 된다는 말은 잘 이해되지 않았다. 천식이나 기관지염에 약으로 쓰인다는 살구씨, 개살구라도 요긴하게 약이 된다는 것이 신기했다. 개살구가 변신해 유용한 약재료가 된 것은 아니다. 원래 그러한 성분이 있어 사람들이 찾아내 활용하는 것이다.

　난들 내 본질은 부지런하고 능력이 없었을까. 몇 프로가 가진 그러한 능력이 정말 없는 걸까. 아니면 지금까지 찾지 못한 잘못일까. 이제라도 겸손한 자세로 본성에 잠재된 능력발굴에 힘을 쏟으면 가능할까. 나이가 걸림돌일까. 한 걸음 한 걸음 이제라도 나가볼까. 그래서 나만의 영역을 만들어가는 말이 현실이 되기를 기대해 봄은 과욕은 아닐까.

해양누리공원을 걷다

해양누리공원 산책길을 나섰다. 여전히 바닷바람은 차갑지만, 곳곳에 피어나는 봄기운과 포근한 오후 햇살 덕분에 걷기에는 더없이 좋은 날이다. 바다에는 물닭 떼가 파도타기를 즐기고 있다. 주말의 영향으로 공원 곳곳은 가족 단위 방문객들로 활기가 넘친다. 아장아장 엄마를 따라 걷는 꼬마의 마스크 쓴 모습이 앙증맞고, 자전거를 타며 스치듯 달리는 아이들의 머플러가 바람에 나부끼는 모습은 한 폭의 그림처럼 평화롭다.

해양누리공원은 마산만 해안을 따라 길게 펼쳐져 있다. 바다를 메워 조성된 해양 신도시 기반 공사가 한창인 가운데, 2021년 기존 공원이 확장되어 새롭게 개통되었다. 공원은 아직도 변화 중이다. 신도시와 연결된 보도교는 길이 215m에 달하는 주탑이 인상적인 사장교斜張橋로, 그 위용이 눈길을 사로잡는다. 특히 저녁 시간대가 되면 투광등과 경관 조명이 어우러져, 마창대교와 돝섬,

그리고 주변 아파트단지가 화려한 빛으로 물들며 장관을 이룬다고 한다. 비록 이번에는 그 야경을 보지 못했지만, 다음 방문 때를 기약하며 기대를 품는다.

산책길을 따라 걸으며 호수처럼 잔잔한 바다를 바라보니 마음이 편안해진다. 물결은 잔잔하고 윤슬은 반짝이며 눈을 즐겁게 한다. 먼바다에는 크고 작은 배들이 점점 떠 있다. 물닭과 갈매기가 물 위와 하늘을 자유롭게 오가며, 봄의 생기를 더한다. 팔을 휘휘 저으며 걷다 보면 맑은 공기가 온몸을 깨우는 듯하다. 젊은이들은 달리며 봄을 만끽하고, 노년의 나는 발길을 천천히 옮기며 풍경을 음미한다.

산책로의 끝, 동쪽 지역에 도착하니 김주열 열사의 동상이 반긴다. 아담하게 조성된 추모지와 함께 세워진 유래비는 그가 남긴 역사적 의미를 되새기게 한다. 김주열 열사는 1960년 3월 15일, 이승만 정권의 부정선거에 항의하는 마산 데모 사건에 참여한 17살 소년이었다. 시위 후 행방불명되었다가 4월 11일, 왼쪽 눈에 최루탄이 박힌 처참한 모습으로 현재의 추모지 앞바다에서 발견되었다. 그의 희생은 제2차 마산 시위로 이어졌고, 결국 이승만 정권을 붕괴시킨 4.19혁명의 도화선이 되었다. 그래서 이곳은 4.19혁명의 발원지이자 민주주의를 위한 성지로 남게 되었고, '3.15해양공원'이라는 이름으로 명명되었다.

그 시절을 기억한다. 나는 당시 고등학교 졸업반이었다. 마산 데모 사건이 연일 보도되며 시위가 전국으로 번졌고, 우리 시골 고등학교에서도 운동장에 모여 구호를 외쳤던 기억이 생생하다. 장기 집권을 위해 조직적으로 부정을 저지른 정권에 맞서 학생들이 일어나며 민주주의의 초석을 다졌다. 김주열 열사의 동상을 올려다보니, 그 함성과 혼란스러운 시국의 풍경이 주마등처럼 스쳐 지나간다. 조용히 고개를 숙이며, 그 희생에 경의를 표한다.

　잔잔한 호수 같은 바다에는 물닭들이 졸고, 하늘을 나는 갈매기들은 봄기운에 더욱 힘차게 날갯짓을 한다. 2월의 하늘은 유난히 푸르고 평화롭다. 공원 건너편 녹지대에는 추위를 이겨낸 백매화가 활짝 피어, 나도 모르게 발길을 멈추게 된다.

　전쟁을 겪은 세대로서 오늘날의 번영을 마주할 때마다 감사한 마음이 솟아난다. 몇 킬로미터에 걸쳐 조성된 데크 산책길, 이용자를 배려한 정성 어린 시설물들, 그리고 꼼꼼히 관리된 쉼터와 화장실은 이 시대가 얼마나 부유하고 여유로워졌는지를 보여준다. 전쟁과 가난을 겪었던 내게는 이 모든 것이 기적처럼 느껴진다. 그래서일까. 이 평화로운 오후를 걷는 지금 이 순간, 나도 모르게 마음 깊은 곳에서 감사와 감탄이 솟아난다.

　오늘도 마음먹고 걷는다. 잔잔한 바다와 따뜻한 햇살이 함께하는 이 산책길 위에서, 과거와 현재가 조화롭게 어우러진 풍경을 음미하며 또 한 번 행복을 느낀다.

5
감사는 곧 행복

막내 여동생

"오빠, 나 마닐라로 공부하러 가요. 이제 걱정하지 말고 지켜봐. 도착하면 소식 전할게요."

수녀 수련修練 중에 있는 막내 여동생의 전화였다. 수련 기간에는 휴가가 없다며 출가외인으로 기억해 달라고 했다.

여동생은 나하고는 24살 차이가 난다. 내가 대학 졸업 학년이던 해 여름, 집에 갔더니 어머니가 갓난아이 젖을 물리고 있었다. 방학이 되어야 이틀 정도 집에 들르던 나로서는 어머니가 동생을 가졌다는 사실을 몰랐다. 어머니는 핼쑥한 얼굴에 안타까운 표정을 지으며 "태어났으니 어찌하겠느냐."며 쑥스러워하셨다.

동생의 새근새근 자는 모습이 천사 같다며 어머니를 위로해 드렸다. 한편으로는 걱정이 되었다. 건강이 늘 염려되는 어머니가 걱정이고 동생도 건강하게 자라주어야 할 텐데 하는 생각이 스쳤다. 어머니는 속병으로 누워있는 날이 많았다. 내가 할 수 있는 일은 학교 다니는 동생들에게 어머니 잘 도와드리라고 신신당부하는 것밖에 없었다.

그 후로 사회생활 하며 부모님을 찾아뵐 때마다 살림에 힘겨워하는 어머니가 참 안쓰러워 보였다. 어린 동생도 아주 예민했다. 감기가 들었다 하면 폐렴으로 전이되어 가족의 애를 태웠다. 사경을 헤매는 경우도 몇 번 있었다는 소식을 들었지만, 나아지기를 바라는 기도뿐이었다.

동생의 건강 소식을 들은 성당 수녀님이 "메리놀 병원"을 추천해 주었다. 미국 수도회에서 운영하는 병원이었다. 어머니는 딸을 살려야 한다는 절박함에 먼 길을 마다하지 않고 업고 다녔다. 병원 가는 버스를 타려면 집에서 읍까지 십 리를 걸어야 했다. 힘에 부쳐 병원 복도에 쓰러지기까지 한 어머니였다.

내가 결혼을 하면서 대구로 데려와 아내가 종합병원 데리고 다니며 치료를 받게 했다. 동생 나이 5살 때였다. 유아기 어머니와의 접촉이 부족하고 영양 부실이 발육에도 영향을 주어서인지 체구가 작고 약했다.

사춘기가 되면서 날카로운 성격에 건강에 대한 콤플렉스로 가족들을 긴장시켰다. 심리적으로 매우 불안정하여 정체성에 강한 혼란을 겪는 모습에 나와 아내는 걱정이 되었다. 엎친 데 덮친 격으로 어머니의 병이 위중하면서 마음의 상처를 더 크게 받는 것 같았다. 결국은 중학교 졸업하던 해에 어머니는 막내를 두고 하늘나라로 가셨다.

소년기에 들면서 동생은 방황하는 기색이 역력했다. 아내 말마따나 니힐리즘에 빠진 무력자 같았다. 의욕이 없어 대화도 힘들고 만남도 피하면서 고등학교를 힘들게 졸업했다. 졸업 후 2년간 아내가 운영하는 일을 도우면서 변화의 조짐을 보였다. 아내는 신앙으로 극복하리라는 믿음을 가지고 적극적으로 도와주며 분위기 조성에 신경을 썼다.

동생은 아내에게 의지하며 마음의 안정을 찾고 대학 진학을 했다. 학과 대표도 하고 장학금도 받았다. 대학에서 컴퓨터 공학을 전공하고 어머니 생전의 바람대로 수녀원에 자진해서 입회했다. 아내는 하느님의 은총이 아니고서야 저렇게 변화될 수 있느냐며 늘 감사기도를 드렸다.

하지만 몸이 약해서 걱정을 놓을 수가 없었다. 봉사, 청빈, 순종을 신조로 하느님을 위해 살아가는 삶이 강단剛斷 없이 가능하겠나 하는 생각에 늘 불안했다. 기도나 열심히 하면서 응원하는 게 전부였다.

신혼 시절부터 동생을 딸과 함께 키워온 아내는 지금도 말한다. 막내 시누이는 하느님이 살려주셨다. 어려서는 폐렴으로 죽었다가 살아나고 청소년기에는 일탈 행동에 애간장도 많이 태웠다. 갓난이 시절에 몸이 아픈 어머니가 밀어내며 방치해도 살아남은 게 기적이라고 했다. 그런 동생이 수녀가 되어 유학길에 오른다고 했다. 물론 어머니는 딸이 수녀 되는 걸 보진 못했다.

　수녀원으로부터 들려오는 소식은 겸손한 모습으로 공동체의 화합 역할이 뛰어나다고 했다. 외국으로 공부하러 가는 데는 본인의 의사도 중요하지만, 수녀원 장상들의 추천으로 선발한다고 했다. 마닐라에 있는 400년이 넘는 유서 깊은 가톨릭계의 산토 토마스 대학이 결정되었다고 했다. 동생은 유학을 마치면서 마닐라 대주교 집전으로 평생 봉사하며 수녀로 살아가겠다는 서원식을 하고 독일 베네딕도 수녀원 로마 분원으로 파견되었다. 서원식에 참석한 아내와 나는 감격의 눈물을 감출 수가 없었다.

　하느님의 도구로 적절하게 쓰시려고 담금질하며 만들어 오신 주님의 무한한 은총과 사랑에 감사할 뿐이다. 핼쑥한 모습으로 젖 물리며 장남에게 쑥스러워하시던 어머니의 모습이 처연하게 다가온다.

　어머니의 가이없는 희생과 사랑에 보답하고 평생을 봉사하는 수도자로 살아가는 막내 여동생이 자랑스럽다. 여동생은 현재 미국에서 주님 복음 전파에 매진하고 있다.

언니의 괜한 걱정

　선교를 위해 유럽으로 떠난단다. 미국에서 5년의 임기를 마치고 귀국해 휴가차 며칠 머물렀다. 순명을 신조로 사는 수도자로 주님의 부르심이 있는 곳이면 어디나 달려가는 몸이 아니냐며 짐을 챙겼다.
　부모님 산소에서 눈물 훔치는 걸 보았다. 아버지 하늘나라 가실 때에 해외에 있어 오지도 못함을 안쓰러워했었다. 어머니는 중학생일 때 돌아가셨으니 벌써 수십 년이 되었다. 천국에서 영복 누리시기를 기도한다며 외국에서 잘 선교하도록 돌보아 주시길 믿는다는 막내 여동생 수녀의 기도가 귓전을 울린다.
　새 임지인 외국 선교지로 출발하기 위해 본원에 들르는 길이다. 승용차에서 아내는 눈물을 훔친다. 멀리 떠나보내는 이별이 서러운 것이다. 아내와 수녀는 각별한 인연이 있다. 결혼해 단간 셋방에서 신혼 꾸리면서 5살 된 가냘픈 여동생을 고향에서 데려왔다.
　체질이 약한 어머니는 농사짓는 가족 뒷바라지도 힘겨워하시며 눕는 날이 많았다. 설상가상 어린 것까지 태어나 기쁘기도 하지만 제대로 돌보지 못함을 부담스러워하셨다. 어머니는 도시 병원에서 살리든지 하라며 장남이며 오빠인 나에게 맡기셨다. 나는 직장 일로 바쁘니 돌보며 병원 다니는 건 아내의 몫이었다.

  유년 시절 시골서 감기 걸리면 병원 가는 일은 언감생심焉敢生心, 약 먹지 않아도 며칠 지나면 낳곤 했다. 감기를 방치해 폐렴으로 전이되어 만성이 되고 몸이 쇠약해 계속 치료해야 하는 일은 드물었다. 여동생은 자주 누우시는 어머니의 늦둥이 아닌가. 그래서였는지 여동생은 튼실하지를 못했다. 감기를 방치해 폐렴으로 전이되었다. 농사에다 세끼 장만하는 일도 벅찬데 감기로 병원 가는 일이 쉽지 않았다.

  아내는 매일 데리고 병원에 다녔다. 몇 개월이 지나면서 점차 회복되고 곧잘 재롱도 피웠다. 그러다 아내가 첫딸을 출산했다. 고향에 부모님이 계시지만 농사일로 바쁘고 어머니도 늘 건강을 염려했다. 영리한 동생은 언니를 잘 따랐다. 조카에게 질투하는 일을 가끔 보여도 아내의 중재로 해결되곤 했다. 고향에 가서 초등학교 다닐 생각이 없어 보였다.

  아내도 시골보다는 도회지에서 공부해야 한다며 부추겨 주었다. 초등학교를 졸업하고 중학교는 부모님에게서 하겠다며 고향으로 갔다. 아마도 철이 좀 든 듯 어머니 품에 안기고 싶은 마음이 더욱 강했던 것 같았다. 사춘기를 고향에서 보내며 또래에 비해 왜소한 편이지만 건강은 염려하지 않았다. 고등학교 입학을 위해 도

감사는 곧 행복 251

시로 나왔다. 아내는 막내 시누이와 다시 인연이 되었다. 대학을 졸업하고 자진해 수도회에 입회했다. 돌아가신 어머니의 유지를 실천하는 막내딸의 모습을 하늘나라에서도 반기실 거라며 모두가 축하해 주었다.

아내는 언니이면서 어머니같이 돌보며 정이 들었는지 눈물을 훔치는 일이 처음은 아니었다. 시누이지만 딸같이 뒷바라지하며 미운 정 고운 정이 엉켜 휴가 왔다가 돌아설 때면 애틋한 정을 감출 수 없는 것 같았다.

며칠 있으면 비행기에 오를 것이다. 이스탄불을 경유, 동방정교회가 대세인 소피아로 간다는 딸의 카톡을 받았다. 딸인 조카하고는 거리낌 없이 소통되는 것 같다. 어려서 한 침대에 구르며 생활한 정이 이제는 위로해 주고 뒷바라지 해주는 관계가 되나 보다. 언니 오빠에게는 어려워도 조카인 딸년에게는 소통 창구가 되는 건 수도자라는 삶을 잘 이해하는 면이 있어서가 아니랴. 고모 따라 수녀원에서 일 년 체험한 경험이 있어 공동체의 생활 분위기를 아는 것 같다.

이제는 지구 어느 곳에 있더라도 사진 보며 소통할 수 있어 소식 없다고 답답함은 없는 세상이다. 사진과 함께 문자 연락하고 수도자 규칙에 어긋나지 않는 범위에서 가족의 유대를 이어가기를 주님 이름으로 기도한다. 그래야 노년의 여정을 힘겹게 보내는 언니 걱정도 덜어 주리라.

해 질 무렵

　지난밤 폭풍우가 휩쓸고 지나갔는가. 동네 앞 냇물은 검붉은 흙탕물이 되어 도도히 내달리고 있다. 언덕에서 바라보는 물의 노도怒濤는 성난 황소의 날뜀보다도 더 무섭다. 비바람이 잦아들고 햇살이 드러나자 사납게 흐르던 냇물도 서서히 맑은 물로 돌아온다. 생각보다 상처가 크지만, 시간이 지나면 치유되고 때로는 새로운 모습으로 변할 것이다.
　시간도, 세월도, 역사도 흐른다. 흐름에는 수많은 변화가 수반된다. 개인의 삶도 예외가 아니다. 한 생애를 반추해 보면 희로애락이 점철되어 있고, 세월의 무게가 고스란히 묻어난다. 살아온 연륜이 아니랴. 연륜은 인생 경험의 축적이다. 세월이 주는 혜택은 유동적이어서 쌓아온 연륜도 모두 다르다.
　2023년도 통계청 발표에 따르면 남성 평균수명이 83세를 넘는다고 한다. 나는 이미 평균수명만큼 살았고, 이제부터는 덤으로 주어진 삶이라는 생각을 해 본다. 오랜 세월을 지나오며 좋은 여정을 만들고자 노력했고, 더 나은 세월을 기다리기도 했다. 때로는 과욕으로 체하기도 하고, 걸려 넘어지는 시련도 겪었다. 좌절하거나 포기하지 않고 여기까지 달려온 것은 기적이라고 본다. 아마도 가족의 사랑과 주변의 도움이 있었기에 가능했으리라. 반추해 보는 삶, 그래도 상처보다는 보람과 감사가 더 많은 것은 흐르는 세월의 정화淨化 덕분이라는 생각이 든다.

그렇다고 내가 늘 정도正道를 걸어왔으며 행복한 삶을 살았느냐 하면 그건 아니다. 지금도 적지 않은 나이임에도 일상에서 불만을 늘어놓고 불평 섞인 소리를 하기도 한다. 잘 살아오지 못한 것에 대한 후회가 꼬리를 물 때가 있다. 더 깊이 들여다보면 욕심과 이기적인 성정 때문이 아닌가 싶어 움찔하기도 한다. '무소의 뿔처럼 혼자서 가라'는 말처럼 담담히 살아간다는 것이 쉽지 않음을 깨닫는다.

가톨릭교회에서는 11월을 "위령의 달"로 정하고 돌아가신 분들을 기억하며 기도하도록 권고한다. 지난 주말에 교회 모임의 몇몇이 군위 가톨릭 공원묘지를 방문했다. 수많은 영혼이 잠든 현장에서 기도하는 데는 또 다른 의미가 있다. 묘비명에 새겨진 이름과 생년월일, 사망 연월일을 이불 삼아 영면해 있는 망자들. 그 기록을 보니 희수稀壽를 넘긴 망자는 열에 여섯쯤 되고, 산수傘壽를 넘긴 망자는 열에 셋 정도였다. 수천 년 동안 회자膾炙돼 온 인생칠십고래희人生七十古來稀라는 말은 이제 인생백세고래희로 바뀌고 있는 듯하다. 그래서인지 산수의 삶도 많게 느껴지지 않는 것은 어찌 된 일인가. 팔구십은 물론 백세 넘도록 살고 싶어 하는 것이 인지상정人之常情이겠지만, 그것은 분수에 넘치는 욕심이 아닐까.

　망자를 위한 기도 대신 수많은 영령 앞에서 내 허튼 마음을 드러내는 것 같아 부끄러웠다. 나는 이 나이를 살도록 몇 살까지 살아야겠다는 생각을 해본 적이 없다. 물론 삶과 죽음이 어찌 생각대로 되겠느냐마는 희미한 그림이라도 그려놓아야 아쉬움이 덜하고 이 자리에 눕지 않겠는가.

　내가 얼마나 더 오래 살게 될지는 모르나, 추한 모습을 보이는 늙은이는 되고 싶지 않다. 그러려면 우선 마음을 비워야 할 것 같다. 욕심을 내려놓는다는 말에 이견은 없다. 다음은 소통하는 노력이다. 나이가 들수록 겸손이 우선이다. 권위나 체면은 겸손과 거리가 멀다. 마지막으로 삶과 죽음에 연연하지 않는 것이다. 조용히 왔으니 소리없이 가는 것이 순리이다. 하나 더 추가하자면 신앙에 소홀하지 않는 것이다. 어려울 때 위로와 용기를 주지 않았던가. 한편 고지가 보이는 지금, 영원한 안식을 준비하는 신앙의 중요성은 여전하다.

　폭풍우가 지나간 뒤 흐르는 맑은 냇물이 아른거린다. 아름답게 늙어가는 웰에이징Well aging을 생각해 본다. 로망에 불과할지도 모르지만, 목표 의식이 있을 때 열정의 불씨를 살릴 수 있지 않을까. 세월은 인생이다. 인생이 살아가는 흐름이라면 그것은 곧 세월이다. 수행자가 아니더라도 남은 세월, 행운유수行雲流水 같은 삶이 되기를 기대해 본다.

언덕

활짝 핀 영산홍이 눈부시게 아름답다. 아파트를 받치고 선 회화나무는 따뜻한 햇살과 살랑대는 봄바람에 연초록 잎사귀를 흔들며 생기를 더한다. 아장아장 걷는 손자 뒤를 할머니가 따른다. 손자가 넘어질까, 길을 벗어 날까 걱정스러운지 할머니의 시선은 손자를 떠나지 않는다. 그런 할머니의 곁에서 손자는 안심한 듯 호기심을 채우며 천진난만하게 걸어간다. 그 모습이 평화 그 자체다.

내가 초등학교 졸업반이던 시절, 천주교를 처음 찾았다. 종교에 뜻이 있어서라기보다 집에서 잦은 굿판이 싫어서였다. 전쟁은 휴전으로 멈췄지만, 세상은 여전히 혼란스러웠다. 우리 집도 예외는 아니어서 가족 우환憂患이 끊이지 않았다. 굿이 벌어지는 날이면 견딜 수 없는 답답함에 집을 뛰쳐나가고 싶었다.

학교 선생님은 미신을 물리쳐야 한다며, 아프면 병원에 가고 약을 쓰라고 가르쳤다. 당시 농촌에서 미신이 성행하자, 학교가 지

역사회를 계몽하려는 운동에 앞장섰다. 선생님 말씀이라면 철석같이 믿던 나는 천주교를 믿는 이웃 마을 친구를 따라가 예수님 이야기를 듣고 책을 읽으며 마음을 다잡았다. 귀신을 몰아내는 종교라는 말에 더 확신이 생겼다.

어머니를 끈질기게 설득해 함께 천주교 교리를 배우기 시작했다. 친구 아버지가 소개해 준 아주머니가 한 주에 두 번씩 저녁마다 오셨다. 그렇게 거의 1년을 배우고 읍내 성당에서 세례를 받았다. 이후 미신은 철저히 외면했다. 완고하던 할아버지도 나중에는 우리의 선택에 호응해 주셨다.

신학교 진학을 권유받기도 했지만, 장자라는 책임감 때문에 포기했다. 군에서 초급장교로 복무하면서 신앙생활은 점점 어려워졌다. 가끔 고해성사를 보며 마음을 다잡으려 했지만, 신앙에 소홀해지는 자신을 막기는 어려웠다. 제대 후 직장생활을 하면서도 신앙이 내 삶의 자유를 제한하는 것처럼 느껴졌다. 결국 한때는 냉담자로 지냈다.

중년에 접어들며 신앙에 소홀했던 스스로를 돌아보게 되었다. 양심의 불편함과 주변의 질책은 나를 불안하게 했다. 교회 신심단체에 가입하고 봉사활동에 참여하며 다시금 신앙에 몰두하려 했다. 상처받을 때마다 신앙에서 위로를 얻고, 흔들리는 삶의 중심을 잡았다.

특히 어머니의 모습은 내게 큰 영향을 주었다. 허약한 체질로 정신적 불안을 겪던 어머니는 묵주를 들고 기도하며 평화를 찾으셨다. 점쟁이와 무당을 찾던 시절을 부끄러워하셨고, 자식 중 성직자나 수도자가 나오길 바랄 만큼 신앙에 의지하셨다. 어머니와 나는 신앙을 가정의 평화를 이루는 언덕으로 여겼다.

처음엔 완강히 반대하시던 할아버지와 아버지도 점차 이해해 주셨고, 결국 세례를 받으셨다. 마을에도 천주교 신자가 늘어가며 미신을 멀리하는 분위기가 형성된 것은 하나의 기적이었다.

이제 고개 너머를 돌아보니 신앙생활이 항상 순탄했던 것은 아니다. 그러나 신앙은 험난한 삶을 헤쳐 나가는 힘이 되어 주었다. 크고 작은 죄와 실수를 반복하며 고해성사를 통해 새로워지려 애썼다. 중심을 잃을 뻔한 순간마다 신앙은 방향을 잡아주는 나침반이 되어 주었다. 이제 인생의 정점에 서보니 신앙이야말로 큰 축복이라는 것을 실감한다. 신앙은 나에게 위로를 주고 용기를 북돋우며 올바른 길로 이끌어 주었다.

아장아장 걸으며 할머니를 무의식적으로 언덕 삼는 손자처럼, 나도 남은 삶을 신앙에 의지하며 조용히 관조하고자 한다. 신앙의 줄을 꼭 잡고, 가슴 가득 평화로 남은 길을 걸어가리라.

길은 삶이다 (4)

　손을 놓는다는 게 이렇게 홀가분할 줄이야! 마치 굴레를 벗어난 듯한 기분이 들었다. 하지만 문득문득 허탈감이 밀려오고, 안타까운 생각을 떨치기 쉽지 않았다. 과연 나는 길의 끝자락을 알고 달려왔을까? 에릭 시노웨이가 말했듯이, '나는 여행자였을까, 아니면 방랑자였을까?' 스스로 길을 선택했다기보다는 길이 나를 대신해준 것이 아닌가 하는 생각이 떠올랐다.
　가족이 우선이라는 가치관은 콘크리트 벽보다도 단단했다. 인생 후반부에 접어들면서 명예퇴직이라는 도구를 활용해 지루한 굴레에서 벗어나고 싶다는 충동에 사로잡혔다. 그러나 변화에 대한 두려움에 결단하지 못했고, 결국 억지로 떠밀리듯 걸어가며 정년을 채웠다.
　경험하지 않은 인생의 길을 선택하는 것은 결국 나의 몫이었다. 하지만 나는 어리석게도 배낭을 메고 몇 년 동안 눈 호강만 하며 지냈다. 다행히도 '이건 아니다'라는 생각이 들었다. 귀국 후에도 한동안 미적대던 어느 날, 대학 시절의 일기장을 펼쳐보며 글쓰기를 시작해 보자고 결심했다.

꾸준히 파고드는 성격이 아니었기에 글쓰기는 버겁고 사치스러운 일처럼 느껴졌다. 논문 한 편을 쓰기 위해 밤낮없이 고뇌하던 저력은 이미 오래전에 소진된 듯했다. 하지만 욕심을 부려 꾸준히 하면 어느 정도 도달할 수 있으리라는 희망을 품었다. 그러나 시간이 흐르면서 어려움과 흔들림은 곳곳에서 드러났다. 잘 쓰는 방법이라도 있을까 싶어 여기저기 기웃거려 보았지만, 여전히 피로함은 가시지 않았다. 차라리 공감 가는 글을 읽으며 음미할 때 마음이 편안해졌다.

어렸을 적, 할아버지는 책 읽는 나를 보며 "너는 선생님이 될 거야."라고 칭찬해 주셨다. 농사짓는 일은 힘들어 보였고, 그 덕에 책을 더욱 열심히 읽게 되었다. 운 좋게도 책을 읽고 가르치는 일을 평생 직업으로 삼았지만, 부모님이 농사에 쏟으셨던 열정만큼 내가 일에 몰입했는가 하는 아쉬움은 여전히 남아 있다.

'글쓰기는 삶이고 삶은 생각이다.'라는 말을 읽은 적이 있다. 생각하는 삶은 얼마나 가치 있는가. 생각은 행동을 바꾸고, 행동은 분위기를 바꾼다. 나이가 들면서 조금씩이라도 변화함을 느끼는 것은 축복이 아닐 수 없다.

이제는 나이도 주위의 주목을 받는 요소가 되었다. 배낭을 메고 떠날 때 가족들의 곱지 않은 시선을 의식하지 않을 수 없었다. 점차 운신의 폭이 좁아지는 것도 부인할 수 없는 현실이다. 하지만 이제는 책상 앞에 앉아 글을 쓰는 게 안심이 된다.

글쓰기를 시작한 초기에 쓴 글들을 모아 수필집으로 두 권까지 출간했지만, 지금 돌아보면 부끄럽다. 문단에 이름을 올리기는 했지만, 제대로 된 글 한 편을 남기지 못한 것 같아 아쉽다. 과욕을 부렸던 모습이 우습기도 하다. 하지만 어렵던 시대의 이야기에 공감한다며 새 책이 언제 나오느냐고 묻는 노인들의 호응은 내게 큰 힘이 된다. 노년의 보람이란 어쩌면 이런 소소한 인정과 기대에서 오는 것이 아닐까.

현재는 '가톨릭 금빛신문' 기자로 매달 한두 편의 기사를 취재하며 봉사하고 있다. 여러 성당의 행사에 취재 요청을 받고 달려가 함께하며 사진을 찍는 즐거움은 내게 은총과도 같다. 길지 않은 기사지만, 핵심을 쓰는 일은 여전히 쉽지 않다. 끙끙대며 쓰는 과정 또한 글쓰기의 연장선일 것이다.

지루하지 않은 노후라고 스스로 위로하며 오늘도 여생의 길을 걷는다. 길섶에 흐드러지게 핀 꽃들이 나를 반겨주고 있다. 서두르지 않고 유유자적하게 걷는 지금, 삶의 끝을 아는 사람만이 지금 무엇을 해야 할지를 안다고 한다. 돌아보니 모든 것이 즐거운 추억의 조각들이다. 그저 감사할 뿐이다.

로마 단상斷想

 겨울이 지나는 길목입니다. 앙상한 가지에 미처 떨어뜨리지 못한 잎들이 육탈의 몸부림처럼 바르르 떨고 있습니다. 겨울 볕이 창문에 걸렸습니다. 도망치듯 달려가는 세월, 허허로움을 달랠 겸 손에 잡히는 낡은 일기장 하나를 들췄습니다. 배낭 메고 나섰던 때의 묵은 추억이 주마등처럼 스쳐 지나갑니다.

 직장을 은퇴할 무렵 제2의 인생 전환점에서 버킷리스트 일 순위는 해외여행이었습니다. 일 년을 머뭇거리다 비행기에 올랐습니다. 여행하며 앞으로 할 일도 생각하기로 했습니다. 로마 근교, 수백 년의 역사를 가진 한 수녀원 〈게스트하우스〉에 여장을 풀었습니다. 수녀원 일부를 개조해 만든 숙소였습니다.

 숙소에 묵은 여러 나라에서 온 관광객들이 중년쯤으로 보이는 한국 여성 가이드를 따라 베드로 대성당은 물론 많은 유적지를 찾았습니다. 수도자 복장이 아니어서 일반 전문 가이드인 줄 알

앉는데 40대 중반의 수녀였습니다. 로마 수녀원에서 봉직한 게 15년이 넘는다며 로마를 비롯해 이탈리아 전역의 성당 안내를 위해 열심히 공부하며 행복하게 살고 있다고 했습니다. 우물도 한 우물을 파야 성공하지 않느냐며 가이드 경력 10년이 되니 전문가 대접을 받는다고 너스레를 떨었습니다. 나에겐 예사로 들리지 않았습니다.

하느님 복음 전파하며 청빈을 서약하고 사는 수녀가 세속의 돈 버는 직업을 가진다고 해 어리둥절했습니다. 이탈리아에는 오랜 역사를 가진 수도원이 많습니다. 그런데 지원자의 감소로 수도원이 비어가고, 시설 유지에도 어려움을 겪고 있는 게 현실이랍니다. 그래서 알음알음 관광객에게 숙소로 제공해 재정에 충당한다고 했습니다. 나도 한국에서 지인 수녀의 알선으로 고색창연한 수녀원에 머무는 행운을 누렸습니다.

로마의 관광지는 대부분 종교와 연관되어 있습니다. 수녀의 해설은 종교 전문가다운 깊이가 있고 성경에 얽힌 이야기를 재미있게 풀어놓았습니다. 유명한 성당 투어에도 몇 날 걸린다며 하느님 표징標徵이 살아 숨 쉬는 성당 보는 것만으로도 신심이 두터워진다고 합니다. 성당에는 초기 교회 시대의 유물이나 벽화, 성인의 유해가 모셔져 있습니다. 세계 곳곳의 신자들이 순례하는 이유입니다. 수녀 가이드를 만나지 않았다면 감각적 미로 만족했을 것입니다. 심층적으로 다가가야 한다는 조언은 내 영혼을 기쁘게 해주었습니다.

 로마에서 내가 찾은 여러 성당은 규모는 물론 내부 꾸밈에 탄성이 저절로 나왔습니다. 하느님의 섭리, 성령의 이끄심이 아니고서야 어찌 이런 작품을 만들어 낼 수 있을까. 신비함이 감도는 성당의 분위기에 압도되어 제대 앞에 무릎이 저절로 꿇어졌습니다. 한 사람, 두 사람 드디어 일행 모두가 낮은 자세로 바뀌었습니다.

 말은 줄일수록 영혼의 울림은 크다고 했습니다. 가장 울림이 큰 언어는 유명한 조각가들이 빚어낸 예수님의 십이사도 대리석상이었습니다. 나보다 큰 성인들은 하느님의 말씀을 생생하게 증언하는 듯했습니다. 모두가 사도들 앞에 서서 침묵의 대화에 빠졌습니다. "신은 침묵의 방법으로 인간을 사랑한다."는 말이 실감 났습니다. 가톨릭 역사의 산 증언을 고스란히 간직한 세계 4대 성전의 하나인 "라테라노 대성당"에서였습니다.

 십이사도들은 스승인 예수의 가르침을 세상에 전파하면서 대부분 핍박받거나 순교한 후 성인 반열에 오른 제자들입니다. 희생을 마다하지 않고 주님의 진리를 전파하며 사랑의 세상을 만들려고 했습니다. 물불 가리지 않고 오직 한길에 목숨을 담보한 것입니다. 수천 년을 추앙받으며 사람들 마음 안에 살아있는 것입니다. 내 마음에도 어렴풋이 느낌이 오기를 빌었습니다. 갇혀 있던 경직된 옹벽이 드러나고, 그 안에 갇혀 있던 나를 만나는 기쁨이기를 말입니다.

삶은 긴 여행이라 했습니다. 나는 시류에 떠밀려온 삶의 길이었기에 밋밋했습니다. 전환점에서 하느님의 표징이 서린 신비감 도는 성인상과 제대 앞에서 여생에 대한 길을 간구懇求했습니다. 겸손하기보다는 교만과 허세를 이끌고 달려온 길이 켕겼습니다. 무엇 하나 내세울 것 없는 인생길이 허망하고 부끄러웠습니다. 주어진 삶을 어떻게 살겠냐며 되묻는 듯 가슴이 망망했습니다.

로마의 웅장한 성전 제대 앞에서 의지를 다짐했건만, 그 후 한 강산이 지난 지금 허탈하기만 합니다. 한 우물을 파기보다는 여기저기 집적댄 흔적만 보입니다. 내 마음대로 작동되지 않는 걸림돌이 어디엔가 박혀 있는 건 아닌지 알 수 없습니다. 이제는 인생 막바지 길목인데, 다짐한들 무슨 힘이 있겠습니까. 그래도 정신은 멀뚱해 마음으로 그려보지만, 몸이 미적거립니다.

밖에는 칼바람이 나목을 흔들고 미처 떨어지지 않은 잎이 요동을 칩니다. 인생이라고 다르지 않음을 곱씹어보면서 창 너머 푸른 하늘을 흐르는 흰 구름 한 조각에 마음 실어봅니다.

노인 신앙학교

 코로나 상황 속에서 조심스럽게 열린 노인 신앙학교는 큰 기대를 모았다. 크지 않은 성당이었지만, 70세 이상의 노인들 대부분이 신앙학교에 신청했다. 예상했던 인원은 약 50명이었으나, 이를 훨씬 초과한 신청자가 몰리면서 준비하던 봉사자들은 기쁘면서도 한편 당황해했다. 신부님은 신청 어르신들을 모두 모시자고 허락하셨다. 한편 알찬 신앙학교가 되기 위해 준비에 소홀함이 없도록 독려했다. 어르신들을 섬기고 배려하는 행사가 유종의 미를 거둘 수 있도록 최선을 다하자며 챙기셨다.
 3일간 진행된 성당 피정은 신부님의 특강과 기도를 통해 신심을 다지는 시간으로 시작되었다. 특히 실제적인 기도 실행을 통해 묵상의 방법을 체험하며 영적 성장을 도모했다. 또한, 여러 율동으로 건강을 챙기고 성경 말씀을 묵상하는 등 다양한 활동으로 풍성한 연수를 완성했다. 마지막 날에는 동해안 대왕암을 품은 바다를 배경으로 자리 잡은 양남성당으로 이동했다. 성지 같은 분위기 속에서 참가자들은 감동했고, 동해의 절경에 넋을 놓기도 했다.

성당 잔디광장에서 진행된 보물찾기 게임에서는 모두가 어린아이처럼 활기를 띠며 즐거워했다. 팀별 장기 자랑과 성경 인물 맞추기 게임에서도 참가자들은 열정적으로 참여하며 웃음꽃을 피웠다. 이 모든 과정에서 주님의 이름으로 모인 신앙공동체의 단합과 합심이 빛을 발했고, 참가자들은 오랜만에 느끼는 생경한 기쁨에 흠뻑 빠졌다. 코로나로 인해 몇 년 만에 열린 자리였기에 그 감동은 더욱 컸다.

노인들을 위해 마련된 프로그램은 신부님의 특강, 기도와 묵상, 성경 퀴즈, 율동, 장기자랑 등으로 다양하게 구성되어 있었다. 이를 통해 참가자들은 신앙공동체의 일원으로서 소통하고 친교를 나누는 시간을 가졌다. 신부님은 "신앙 안에서 희망을 발견하고 지나온 삶에 보람을 느낄 수 있는 좋은 추억으로 영적 성장을 다지는 신앙학교가 되길 바랍니다. 어르신들은 가정과 젊은 세대, 공동체를 위한 소중한 자양분입니다."라며 세대 간 소통의 중요성을 강조했다.

한 형제는 "미사에 참석하는 노인 비중이 점점 높아지면서 노인들을 위한 프로그램 개발이 필요하다는 현실을 느낍니다. 이번 연수는 이러한 필요성을 충족시킬 좋은 사례가 되었고, 노인들이 적극적으로 참여한 모습은 이를 잘 보여줍니다. 가정이나 성당에서 소외감을 느끼는 노인들에게 이러한 기회가 더 많이 주어져야 합니다. 정말 멋진 신앙학교였습니다."라며 깊은 만족감을 표했다.

봉사자들 또한 이번 행사가 성당의 활력을 재발견하는 계기가 되었다고 입을 모았다. 한 봉사자 자매는 "교회가 나서서 노년의 의미를 일깨우고 존엄성을 회복하는 일에 주력해야 합니다. 어르신들의 환한 표정과 웃음 속에서 봉사의 보람을 느꼈습니다."라며 감동을 전했다. 그녀는 어르신들의 긍정적인 에너지가 자신에게도 큰 힘이 되었다며 흐뭇함을 감추지 않았다.

신앙학교장을 맡은 형제는 처음 시도된 노인 신앙학교가 기대 이상의 호응을 얻어 긴장감을 놓을 수 없었다고 전했다. 그는 어르신들을 어떻게 모실지 고민하며 봉사자들과 함께 최선을 다해 행사를 준비했고, 그만큼 큰 보람을 느꼈다고 말했다. 또한, 본당 신부님의 적극적인 지원과 배려에 깊은 감사를 표했다.

노년의 즐거움을 만끽하며 어느덧 해가 서산에 기울었다. 동해의 푸르름과 철석이는 파도 소리를 뒤로한 채, 참가자들은 아쉬움을 달래며 버스에 올랐다. 모두가 즐거운 추억을 가득 안고 집으로 돌아가는 모습이 평화스럽다.

시니어들의 환호

시니어들의 합창이 천상으로 울려 퍼집니다. 마치 새 옷을 입고 즐거워하는 아이들처럼, 희수를 넘긴 시니어들이 형형색색의 옷을 차려입고 무대에 오릅니다. 그들의 밝고 활기찬 모습은 보는 이들의 눈을 즐겁게 합니다. 출전한 성당의 응원부대가 들고 온 기발한 팻말들로 경연장은 웃음이 끊이지 않습니다. 화합과 친교로 어우러지는 아름다운 합창은 하늘에 닿아, 하느님의 충만한 은총 아래 더욱 멋진 경연이 될 것이라는 대주교님의 격려는 분위기를 한층 고조시켰습니다.

이곳은 대구 대교구 성당별 시니어 성가 경연장입니다. 무대에 오르는 발걸음은 가벼우면서도 한편으로는 긴장감이 엿보입니다. 청중들의 뜨거운 박수와 응원은 무대를 준비한 이들에게 뿌듯함을 선사합니다. 비록 두 곡을 부르는 짧은 시간이지만, 이 순간을 위해 많은 연습을 거쳤습니다. 일요일 중심 미사 전은 물론, 평일 미사 후에도 모여 연습했습니다. 시간이 많을 것 같은 시니어들이지만, 매번 연습에 참여하는 일은 쉽지 않았습니다. 평일에는 병원을 가거나 몸 상태가 좋지 않아 빠지기도 하고, 일요일에는 자식 가족을 맞이해야 하는 일도 있기 때문입니다.

그럼에도 젊은 지휘자는 시니어들을 인내심으로 격려하며 웃음으로 분위기를 이끌었습니다. 함께하는 연습 속에서도 갑작스러운 건강 문제로 합창을 포기해야 하는 일이 생기면, 지휘자는 물론 단원들 모두 안타까움을 감추지 못합니다. 새로운 단원을 모집하기가 쉽지 않은 현실이기에 더욱 그렇습니다. 그러나 여러 우여곡절을 겪으며 연습을 이어가는 단원들은 경연일이 다가올수록 열정을 불태우며 자부심과 기쁨을 키워갑니다.

아흔을 바라보는 한 자매님은 합창에 참여하며 "쑤시고 괴롭히던 악마가 모두 달아났다."며 웃음 짓습니다. 매일 아침 거울을 보며 연습하다 보니 주름이 펴지는 것 같다는 그녀의 고백은 모두에게 웃음을 선사합니다. 또 다른 시니어는 "하느님과 성모 마리아께 드리는 찬미가를 통해 하느님께서도 이 늙은이에게 은총을 내려 주신다."고 말하며 진지한 감사를 표합니다.

21세기는 안티-에이징 Anti-aging 시대라고 합니다. 성가 합창을 통해 노년의 삶을 새롭게 바라본다는 한 자매님은 목청 높여 찬송가를 부를 때 하늘을 나는 기분이 든다고 고백합니다. 지휘자의 손놀림을 따라 노래에 몰입하다 보면 모든 것을 잊고 황홀한 경지에 이르는 것 같다고 합니다. 연습이 아프고 무겁기만 하던 육신을 치유하고, 목소리가 맑아지며 자신이 젊어지는 것 같다는 그들의 웃음 속에서 늙지 않는 비결을 엿볼 수 있습니다.

나이가 들면 마치 잎을 모두 떨어뜨린 나목과도 같다는 생각이 듭니다. 드러난 잔가지처럼 누추함과 고집, 때로는 억지가 보이기도 하지만, 합창은 이 모든 것을 녹여내는 힘을 가지고 있습니다. 경쟁보다는 협력, 비판보다는 칭찬과 격려가 가득한 분위기 속에서 행동이 마음을 바꾼다는 말을 실감하게 됩니다.

시니어 단원들 대부분이 산수傘壽를 넘은 나이지만, 합창을 통해 마음이 바뀌니 삶의 태도도 변화합니다. 고집은 유순으로, 경쟁은 양보로 바뀌고, 몸과 마음이 조화를 이루며 긍정적인 변화를 이끌어냅니다. 집착을 내려놓고 자신만의 경계를 허물며 얻은 성과는 하느님의 은총 덕분일 것입니다.

무대 위에서 합창을 펼치는 시니어들의 얼굴은 화사한 빛으로 가득합니다. 그들은 노래를 통해 삶의 새로운 활력을 찾았고, 하느님의 은총 속에서 더욱 빛나는 오늘을 살아갑니다.

한티성지둘레길을 걷다

'한티 가는 길' 성지 둘레길 걷기에 참여했습니다. 이번 여정은 5구간 '사랑의 길' 중 한티 순교 성지에서 숯가마 터를 거쳐 한티마을까지 약 3.8km를 걷는 일정이었습니다. 한티를 둘러싼 산허리를 도는 길이라 생각보다 가파르고 굴곡이 많았습니다. 하지만 하느님을 믿는다는 이유로 숨어 살다 순교한 분들을 생각하며 걷는 발걸음은 가볍지 않았습니다.

한티 성지는 천주교 박해를 피해 숨어 살던 신앙촌이었습니다. 그러나 병인박해(1866년)로 대부분 신자가 순교하고 마을은 불타 흔적만 남았던 곳입니다. 대구 대교구는 이곳을 개발하고 복원해 순교자들의 신앙을 기리고 피정할 수 있는 장소로 만들었습니다. 순교자들에게 이 길은 숯을 굽고 옹기를 구우며 생계를 이어가던 생명의 길이었을 것입니다. 그들은 이 길을 걸으며 하느님을 찬양하고 성모님께 기도했을 것입니다.

순례길을 오르다 보니 등줄기에 땀이 흥건히 흐릅니다. 짐을 지고 오르내리던 순교자들의 모습이 떠오릅니다. 주님을 찾고 성모님께 의지하며 신앙을 지켰던 그들의 마음은 평화로웠을 것입니다. 하느님의 은총이 세속의 고단함을 위로하고 영원한 구원을 희망으로 채워주었을 것입니다.

숫자 '29'가 새겨진 돌 십자가가 서 있는 무연고 묘 앞에서 발걸음을 멈췄습니다. 순례자들은 묘 앞에 서서 "내가 잠든 듯하지만 너를 위해 기도하고 있다."는 순교자의 말을 세 번씩 반복하며 기도문을 묵상했습니다. 한티성지둘레길에는 37기의 순교자 묘가 있으며, 대부분 이름 없는 무연고 묘입니다. 돌 십자가만이 이곳에 잠든 분들이 순교자임을 말해줍니다.

어린 시절, 전쟁 중이던 나는 스무 가구 남짓의 마을에서 살았습니다. 마을 사람들은 농사로 생계를 이어갔고, 때때로 독장수가 큰 단지를 지고 찾아오곤 했습니다. 간장, 된장, 김치를 담그는 데 필요한 단지는 당시의 필수품이었고, 쌀이나 보리로 단지를 교환했습니다. 어머니는 늘 단지가 풍족해지는 것을 넉넉한 살림의 상징으로 여기셨습니다.

그 시절 옹기 장수들은 주로 천주교 신자라는 이야기가 있었습니다. 천주교 신자를 멸시하며 '천주쟁이'라 부르던 때에도, 어머니는 옹기 장수에게 친절히 대하며 천주쟁이들이 착한 사람이라고 말씀하시곤 했습니다. 병인박해로 많은 신자가 순교했다는 소문이 무성하던 시절, 어머니는 천주교에 관심을 보였습니다. 제가 초등학교 6학년 때 친구에게 받은 예수님 상본을 보여드리며 천주교를 믿으면 무당의 도움 없이도 살 수 있다고 말씀드리자, 어머니는 크게 호응하며 신앙생활을 시작하셨습니다. 결국 1년 동안 교리 공부를 받은 뒤, 외국 신부님께 세례를 받았습니다.

한티 순례길을 걸으며 제 신앙의 자세를 되돌아보게 됩니다. 사랑과 자유, 평등을 선포한 하느님의 가르침을 지키기 위해 오랜 박해를 견뎌야 했던 순교자들을 떠올립니다. 그들의 헌신 덕분에 지금 우리는 자유롭게 신앙생활을 할 수 있습니다. 그러나 저는 여전히 게으르고, 핑계를 대며 편한 신앙생활에만 머물러 있습니다. 가족 중 쉬는 이들을 신앙으로 인도하지 못한 제 부족함이 부끄럽습니다. 반성만 할 뿐 실천하지 못하는 저의 연약한 의지를 탓하며, 주님께 진정성 없는 고백만 반복해 왔습니다.

낮에는 생계에 매달리고, 밤에는 함께 모여 기도하던 순교자들의 삶을 떠올리며 제 흐트러진 신앙 자세를 돌아봅니다. 이제 남은 삶을 주님께 부끄럽지 않게 살아가야겠습니다. 순교자들의 장한 삶을 묵상하며, 영원한 생명의 주님께 온 마음으로 다가가길 기도합니다.

성모당

우듬지 위로 펼쳐진 코발트 빛 하늘에 흰 구름이 점점이 흐릅니다. 형형색색으로 물든 숲속에 자리한 성모당은 마치 한 폭의 그림처럼 아름답습니다. 동굴 입구 위에 서 계신 성모 마리아의 잔잔한 미소는 평화로움을 전하며 이곳을 찾는 이들을 감싸안습니다. 곳곳에서 모여든 신자들은 묵주기도를 드리며 저마다의 사연을 성모님께 아룁니다. 그들의 응석을 너그러이 받아주시는 성모님의 인자하신 모습 속에 모성애 가득한 사랑이 느껴집니다.

대구광역시 유형문화재 제29호로 지정된 이 성모당(대구 중구 남산로4길 112)은 기도하는 가톨릭 성지일 뿐만 아니라, 지친 몸과 마음을 내려놓고 산책하며 쉴 수 있는 열린 공간입니다.

1911년, 천주교 대구교구 초대 교구장이었던 드망즈(한국 이름 안세화) 주교는 '루르드의 성모님'을 교구 주보로 정하였습니다. 그는 주교좌 성당 증축, 주교관, 신학교 건립이 이루어지면 프랑

스루르드의 성모 발현지인 마사비엘 동굴을 본떠 성모당을 세워 봉헌하겠다고 성모님께 약속드렸습니다. 성모님의 배려 속에 계획이 실현되면서 1917년 현재의 위치에 터를 잡고, 1918년 성모당이 완공되어 축성식을 올렸습니다.

성모당은 루르드의 성모 동굴과 유사한 천연 동굴의 형태를 띠고 있습니다. 동굴 안쪽에는 제대가 마련되어 있으며, 우측 위의 작은 굴에는 성모상이 안치되어 있습니다. 동굴 외부 전면에는 중앙부를 아치형으로 구성한 붉은 벽돌 건축물이 세워져 있으며, 그 위에는 1911년과 1918년의 연도가 새겨져 있습니다. 두 연도 사이에는 "원죄 없이 잉태하신 성모님께 서약한 대로"라는 라틴어 문구가 선명히 자리하고 있습니다.

동굴 앞 잔디 광장에서는 매일 오전 미사가 열립니다(일요일 제외). 신자들은 성모님께 묵주기도를 바치고 저마다의 바람을 간구하며 하느님께 전구轉求 기도를 드립니다. 미사가 끝난 후에도 잔디밭을 떠나지 않고 나무 그늘에서 성모님을 바라보며 묵상하는 이들이 있습니다. 그들의 마음속에는 기쁜 날, 슬픈 날, 고통스러운 날까지 모든 날의 이야기가 담겨 있습니다. 성모님께 감사와 하소연을 드리며 위로를 받는 것입니다.

성모님은 동정녀로서 예수님을 잉태하시고 구세주로 기르신 자비로운 어머니이십니다. 떼쓰는 자식의 청을 들어주시는 어머니처럼, 성모님은 우리의 기도를 받아 하느님께 전구해 주시는 분입니다. 이러한 믿음 때문에 성모당은 전국 각지에서 신자들이 찾아오는 기도의 성지가 되었습니다. 일반 신자들뿐 아니라, 병든 몸을 이끌고 온 사람들, 심적인 고통을 겪는 이들, 그리고 임신을 기대하거나 임신 중인 자매들도 이곳에서 기도하며 위로를 받습니다.

가을 햇살이 비추는 잔디 광장은 이제 푸르름을 넘어 황금으로 물들어갑니다. 나무 아래 의자에는 묵주기도를 드리는 할아버지와 할머니가 앉아 있습니다. 그들이 이곳에 찾아온 사연이 무엇일지 궁금해집니다. 밝은 표정으로 보아 오랜 세월의 어려움을 이겨내며 성모님께 감사 기도를 드리는 듯합니다. 오전 미사가 끝나고 신자들이 하나둘 떠나도 나무 그늘에는 여전히 기도하는 이들이 있습니다. 휠체어에 앉아 성모님을 바라보며 통성기도를 드리는 자매님의 모습도 보입니다. 각자의 사연 속에서 간절히 드리는 기도가 성모님을 통해 하느님께 닿으리라는 믿음이 그들에게 힘을 줍니다.

조용해진 잔디 광장 위로 비둘기 몇 마리가 날아들어 잔디 위를 종종댑니다. 동굴 입구에 서 계신 성모님은 여전히 미소를 머금고 광장을 내려다보고 계십니다. 생명을 사랑하시고 찾아오는 이들을 자비로 감싸시는 성모님은 그들에게 용기와 희망을 채워 보내십니다. 동굴 제대 옆 촛불 안치대에 놓인 봉헌의 촛불들은 저마다의 소망을 실어 불꽃으로 타오르며 하늘로 오릅니다.

저도 동굴 제대 앞에 장궤 자세를 하고 성모님을 바라봅니다. 천상의 어머니와 같은 성모님은 제 모든 바람을 받아주실 듯 다가오십니다. 늘 성모님께 떼만 쓰는 못난 신자라는 생각에 부끄럽습니다. 그러다 어릴 적, 저를 낳아주시고 길러주신 어머니께 불평하고 억지를 부리던 기억까지 떠오릅니다. 이제는 떠나버리신 어머니가 그립습니다. 하지만 성모님은 영원히 하늘나라에 계시며 우리를 보살피십니다. 남은 여정을 성모님께 누가 되지 않게 살아야겠다는 다짐이 마음에 새겨집니다.

가을바람이 살랑살랑 볼을 스칩니다. 비둘기들은 여전히 잔디밭을 종종대며, 하늘에는 흰 구름 점점이 흐릅니다.

시니어들의 나들이

　봄이 지나는 길목, 따스한 햇살과 화사함이 얼굴에 가득하다. 경로당에서는 매년 봄과 가을, 하루 일정으로 가까운 곳으로 여행을 떠난다. 치열하게 살아온 세월 덕분에 경제적 여유를 갖추고, 자녀들이 잘해주어 행복한 노년을 보내는 분들이다. 여성의 평균수명이 남성보다 길다는 사실이 여기서도 드러난다. 대부분 홀로 참여한 여성들 사이에서 나를 포함해 서너 부부는 함께 여행할 수 있다는 것만으로도 큰 축복이라며 박수를 받았다.
　비록 걷는 것은 느리지만, 정신만큼은 젊은이 못지않다. 떠들썩한 대화는 차창 너머 연초록으로 물든 산야로 흘러간다. 초등학생들의 소풍도 아니건만 모두가 들뜬 마음이다. 자녀들이 여행을 제안하면 그저 덤덤했는데, 이번 나들이는 설렘에 밤잠을 설쳤다는 분들도 있었다. 특히 졸수卒壽를 넘긴 한 어르신은 "오늘은 우리만의 오붓한 시간"이라며 흘러간 노래를 한 곡 부르며 분위기를 돋

운다. "지금 신바람을 풀지 않으면 언제 하겠냐."는 말에 모두가 박수를 보낸다.

"늙어가는 사람만큼 인생을 사랑하는 사람은 없다." 고대 그리스 작가 소포클레스의 말이다. 지나온 세월을 돌아보며, 이제는 헐렁하게 내려놓고 여유롭게 살자고 다짐한다. 옆자리 어르신은 "겉은 멀쩡해 보여도 집안은 약국이나 다름없다."며 한숨을 내쉰다. 그러나 누군가 위로한다. "병원 다니고 약 먹는 게 이젠 정상이에요. 그렁그렁 살아가는 거죠. 지나온 웃음을 모으면 행복이 되고, 좋은 날을 모으면 사랑이 되잖아요. 천국은 내 마음에 있는 게 아닐까 생각해요."

이런 대화 속에서도 버스는 목적지를 향해 잘도 달린다. 노련한 버스 기사는 노인들과의 여행이 익숙한 듯하다. 오르내릴 때마다 손을 잡아 주며, 안전을 당부한다. 그 배려 깊은 모습에 모두가 흐뭇해한다.

1970년대 들어서면서 살기가 나아지며 단체관광이 서서히 자리 잡기 시작했다. 특히 농촌에서는 마을 사람들을 태워 온천 여행을 가는 것이 유행이었다. 농사로 지친 몸과 마음을 달래기에 온천욕만큼 좋은 게 없다는 말을 앞세워 관광버스 기사들은 마을을 돌며 온천 갈 사람들을 모았다. 도시에 사는 자녀들이 여행비를 보내거나, 재력이 있는 자녀들은 전세버스를 보내 주어 고향 사랑은 물론 부모에 대한 효도라며 마을 사람들의 칭송을 받았다.

나도 가끔 고향을 방문할 때 이 온천 여행에 동참했다. 우리 마을에서 온천은 자동차로 한 시간 거리에 있었다. 저녁에 출발해 온천욕을 하고 자정쯤 돌아오는 당일치기 일정이었다. 여름을 제외하면 목욕이 쉽지 않던 시절, 이 여행은 마을 사람들에게 최고의 즐거움이었다. 버스 안에서는 노래를 부르며 스트레스를 풀었고, 온천욕으로 하루의 피로를 씻어냈다.

차창 너머로 스쳐 가는 시골 풍경이 눈에 들어온다. 과거의 모습은 사라지고 현대식 건물이 자리를 차지했다. 초가집에 대한 향수를 가진 노인들은 변화에 아쉬움을 느낀다. 그러나 이런 경험을 집안에만 앉아 있어서는 할 수 없기에, 나들이의 즐거움이 더욱 크다는 데 모두가 동의한다.

지금 자연과 사람 속에서 웃고 떠들며 나누는 이야기들이 소중하다. 시니어들의 나들이는 단순한 여행을 넘어, 지나온 삶을 되돌아보고 새로운 행복을 발견하는 시간이다. 활력을 불어넣는 나들이가 시니어들에게 축복의 시간이었다.

감사는 곧 행복

　감사하는 삶이 곧 행복입니다. 흔들리지 않는 마음으로 하루를 살아갈 수 있음에 감사하지 않을 수 없습니다. 하느님을 마음속에 품고 살아간다는 것은 큰 은총이며 축복입니다. 신부님의 강론은 늘 우리 마음을 움직입니다. 평일 미사에 참석하는 신자 대부분이 노년층입니다. 신부님께서는 불필요한 걱정을 내려놓고, 지금까지 우리를 이끌어 주신 하느님께 감사하며 겸손하게 하루하루를 맞이하자고 하십니다. 신부님의 강론을 통해 영적 목마름을 얻는 신자들은 말씀 한마디 한마디에 감사하는 마음을 갖습니다.

　감사는 곧 겸손이며 친절입니다. 겸손은 자신을 낮추는 것이고, 친절은 소통의 시작입니다. 소통은 외로움을 덜어주고, 감사의 말 한마디는 주위를 밝게 합니다.

　우리는 하느님으로부터 많은 선물을 받습니다. 생명, 건강, 그리고 우리의 모든 생각조차 하느님의 은총입니다. 하느님께 드리는 감사는 결코 잊어서는 안 됩니다. 감사는 겸손하고 순수한 마음에서 비롯되며, 감사하는 마음이 앞설 때 우리는 잘못을 깨닫고 반성하게 됩니다. 잘못을 인정하는 것은 소통의 첫걸음이며, 가족·이웃·친구와의 소통은 외로움을 덜어주고 삶의 보람을 더해줍니다. 하느님과의 소통도 다르지 않습니다. 그것 또한 감사의 선물입니다.

요즘 저는 감사 일기를 씁니다. 처음엔 감사할 일이 없다고 느껴 머뭇거렸지만, 이제는 점차 익숙해지고 있습니다. 나이 들어서도 이렇게 자판 앞에 앉아 일기를 쓸 수 있는 건강을 허락해 주신 하느님께 감사드립니다. 감사하는 마음으로 하루를 살아가다 보니, 감사할 일이 더욱 많아짐을 느낍니다.

얼마 전 책장에서 한 권의 수필집을 꺼내 들었습니다. 표지가 예쁘고, 여성 수필가가 정성 들여 쓴 작품이었습니다. 마음에 드는 제목의 글을 찾아 읽으며 진솔한 문장에 마음을 뺏겼습니다. 일상의 소재로 전개된 글이지만 깊은 공감을 불러일으켰고, 짧은 수필 한 편이 전하는 감동과 작가의 진심이 고스란히 전해졌습니다. 저는 그 순간, 작가에게 무언의 감사를 보냈습니다.

아침에 눈을 뜨면 가장 먼저 "주님, 감사합니다."라고 기도하며 하루를 시작합니다. 이 습관은 몇십 년째 이어오고 있습니다. 신부님께서 미사 강론 중에 "아침에 눈을 뜨면 성호를 긋고 감사의 기도를 하는 분이 계신가요?"라고 물으셨을 때, 몇몇 신자들이 손을 들었고 모두가 박수로 응원했습니다. 그날 이후, 저도 눈을 뜨면 성호를 긋고 감사를 표하기 시작했습니다. 가끔은 잊어버릴 때도 있지만, 이제는 자연스럽게 감사의 마음이 떠오르고, 구체적으로 무엇에 감사해야 하는지도 생각하게 됩니다.

하루를 살아가면서 감사할 일은 넘쳐납니다. 그러나 우리는 종종 그것을 당연하게 여기고 지나쳐버립니다. 길가에 홀로 피어 있는 작은 풀꽃에도 감사할 수 있고, 땀 흘려 일하는 분들에게 "수고하십니다." 한마디를 건네는 것만으로도 마음이 따뜻해집니다. 감사는 여유이며, 삶의 보람을 만들어가는 작은 시작입니다.

아파트 관리 직원에게 고마움을 표현하면, 다음번에는 그분이 먼저 인사를 건네며 감사 인사를 돌려줍니다. 서먹하고 딱딱했던 분위기가 미소와 존중으로 바뀌는 순간을 경험합니다.

주님께서는 "매사에 감사하고 겸손하라."고 말씀하셨습니다. 우리가 가는 길에서 잠시 멈추어 주위를 둘러보면, 감사할 일이 가득하다는 것을 깨닫게 됩니다. 세상이 아무리 각박하고 소란스럽더라도 감사하는 마음을 잊지 않는다면, 우리의 삶은 웃음과 여유로 채워질 것입니다. 따뜻한 세상은 바로 이러한 작은 실천이 만들어 내는 것이리라.